TOPOGRAPHIE MILITAIRE

DE LA

HAUTE ALSACE

Par R.-J. FRISCH

CAPITAINE AU 109e RÉGIMENT D'INFANTERIE

PARIS
LIBRAIRIE MILITAIRE DE L. BAUDOIN
IMPRIMEUR-ÉDITEUR
30, Rue et Passage Dauphine, 30

1893

TOPOGRAPHIE MILITAIRE

DE LA

HAUTE ALSACE

PARIS. — IMPRIMERIE L. BAUDOIN, 2, RUE CHRISTINE.

TOPOGRAPHIE MILITAIRE

DE LA

HAUTE ALSACE

Par R.-J. FRISCH

CAPITAINE AU 106 RÉGIMENT D'INFANTERIE

PARIS

LIBRAIRIE MILITAIRE DE L. BAUDOIN

IMPRIMEUR-ÉDITEUR

30, Rue et Passage Dauphine, 30

1893

TOPOGRAPHIE MILITAIRE

DE LA

HAUTE ALSACE.

AVANT-PROPOS.

En 1888, quand nous rédigions ce travail, nous écrivions en manière d'introduction :

« Le système défensif de la France, son organisation militaire, des considérations qui découlent de son organisation politique ; enfin, les conditions dans lesquelles s'exécuteront des deux côtés de la frontière la mobilisation et la concentration, mettront, au début de la prochaine guerre, l'armée française dans l'inéluctable nécessité de subir l'initiative stratégique de l'armée allemande.

« Le premier choc des deux armées se produira soit sur la Meuse ou la Sambre, soit sur la Moselle, vers les côtes lorraines, suivant que la ligne d'opération allemande passera par la Belgique ou par la Lorraine.

« Les opérations de l'armée française étant dès lors subordonnées aux premières entreprises de l'ennemi et à leur résultat, elle ne pourra agir ultérieurement contre les forces allemandes que par des contre-offensives.

« L'examen des possibilités de contre-offensives n'entre pas dans le cadre que nous nous sommes tracé ; ces sortes d'études, d'ailleurs, sont des spéculations théoriques dans lesquelles la juste mesure est bien difficile à garder, parce que la connaissance des desseins de l'adversaire fait défaut, et que les événements eux-mêmes font varier la valeur relative des éléments géographiques et topographiques du théâtre des opérations.

« Il est cependant une contre-offensive qui peut être prévue à coup sûr, dont les résultats sont certains si elle est menée vigoureusement, et qui est, en somme, étant données les conditions dans lesquelles la lutte s'engagera, l'opération offensive la moins aventurée que l'armée française puisse exécuter : c'est celle de l'invasion de l'Alsace, dès le début des hostilités.

« Un simple coup d'œil sur une carte suffit pour faire ressortir les particularités suivantes :

« La profondeur longitudinale de la province l'isole géographiquement du reste de l'Allemagne ; les secours ne peuvent lui arriver que par les ponts du Rhin ; ces ponts une fois détruits, la défense de l'Alsace, coupée du grand-duché de Bade, est réduite à la lutte dans le rayon d'action immédiat du camp retranché de Strasbourg. Par contre, le corps français envahissant reste en liaison constante avec son armée, dont il peut être considéré comme tout ou partie de l'aile droite ; sa base d'opération s'élargit au fur et à mesure de sa marche en avant par le dégagement des vallées qui descendent des Vosges ; ses forces s'augmentent progressivement par la jonction des troupes chargées de pénétrer en Alsace au moyen des cols ; la ligne du Rhin, une fois occupée, le corps opère avec la plus parfaite sécurité ; il bénéficie de l'appui moral et matériel de la population ; enfin, son opération demeure indépendante des événements qui peuvent se produire sur le théâtre principal.

« Sans être, probablement, d'une influence décisive sur la marche des opérations principales, au début tout au moins, cette contre-offensive aurait pour résultat, en dehors de l'effet moral, d'enlever à l'ennemi l'usage d'une de ses principales lignes d'opétions, celle des corps allemands du sud, et, par conséquent, de jeter le trouble dans ses formations.

« Mais il faudrait, croyons-nous, que cette opération eût lieu dès les tout premiers jours de la mobilisation, et sans attendre le rassemblement des corps destinés à former l'aile droite de l'armée française ; qu'aussitôt en Alsace, on détruisît les ponts du Rhin, et qu'on enveloppât les Vosges méridionales de façon à se rendre maître, sur la plus grande longueur possible, des passages et des débouchés des vallées. »

C'est la possibilité de cette opération qui nous avait conduit à étudier la topographie de la haute Alsace, la valeur tactique des accidents du sol et les dispositions apparentes prises en vue de la défense.

Notre travail, que dans le principe nous ne destinions pas à la publicité, nous l'avons revu et modifié d'après les changements qui ont été apportés, depuis 1888, dans l'organisation défensive de l'Alsace : renforcement de garnisons, occupation permanente des vallées, construction de voies ferrées, création de moyens de débarquement des troupes, construction d'ouvrages détachés autour de Neuf-Brisach, etc.

Nous avions divisé primitivement le territoire en cinq zones, que nous avions étudiées chacune séparément ; nous avons conservé cette division, ces zones étant tout à fait distinctes les unes des autres par leur structure, leur aspect et leur viabilité ; en un mot, par leur valeur tactique.

Enfin, nous avons ajouté, à la gauche du travail, des considérations sur la situation stratégique de la haute Alsace.

Limites de la haute Alsace.

La haute Alsace est formée de l'ancien département du Haut-Rhin. Elle est limitée à l'est par le cours du Rhin, au sud par la frontière suisse, à l'ouest par la crête des Vosges et la frontière française, enfin au nord par une ligne conventionnelle passant au sud de Schlestadt et de Markolsheim, des Vosges au Rhin.

Les eaux qui l'arrosent s'écoulent vers l'est, soit dans l'Ill, soit dans le Rhin. Elle appartient donc au bassin du Rhin, à l'exception cependant d'une petite portion de territoire de la trouée de Belfort du versant du Rhône, dont les eaux sont tributaires du canal du Rhône au Rhin ; c'est une partie du cours de la Lutter et de la Suarcine (affluents du Saint-Nicolas), dont le gouvernement allemand a exigé la cession, pour avoir la pleine possession du bief de partage.

PREMIÈRE ZONE.

Description générale. — Cette zone, qu'on appelle fréquemment Jura alsacien, a pour limites le canal du Rhône au Rhin, de la frontière française à Mulhouse ; la grand'route de Mulhouse à

Bâle; la frontière suisse et la frontière française jusqu'à Montreux-Château.

Elle constitue avec la zone qui s'étend au nord du canal jusqu'à Cernay et Wittelsheim, le territoire désigné de tout temps en Alsace sous le nom de Sundgau.

C'est un pays fortement mamelonné, formé par les dernières nervures se détachant du mont Terrible en gradins décroissants, pour venir se terminer par des chutes brusques variant de 70 à 100 mètres sur les bords de l'Ill jusqu'à Mulhouse (alt., 239). Il atteint 817 mètres près de la frontière, au Glasberg[1], et 630 mètres au Blauen.

Les hauteurs sont en général boisées, surtout à l'ouest du Thalbach; les parties basses et les vallées sont en prairies naturelles, dont l'irrigation est soigneusement organisée. Les pentes sont ou cultivées ou boisées.

Les bois du Sundgau sont le plus souvent en taillis simples, quelquefois en taillis sous futaie; ils appartiennent presque tous aux communes et sont peu ou point aménagés. En général ils ne sont traversés que par de grossiers chemins d'exploitation non empierrés, fréquemment envahis par les recrus, ravinés sur les pentes et très difficilement praticables aux voitures après quelques pluies, à cause de la nature argileuse du sol.

Dans les vallées et les bas-fonds se rencontrent souvent des canaux d'irrigation. Ces canaux sont ordinairement peu larges; les grandes artères de distribution seules atteignent de 2 à 3 mètres, mais leur fond de gravier les rend partout praticables à la cavalerie; quant aux rameaux latéraux, il ne dépassent pas 1 mètre et peuvent être facilement sautés.

Les clôtures n'existent pas, de sorte que les parties cultivées sont praticables partout aux éclaireurs de la cavalerie; mais les continuelles alternances de bois et de terrains découverts empêchent les mouvements par masses.

Trois cours d'eau partagent le Jura alsacien: le Thalbach,

---

[1] L'orthographe des noms propres de la carte d'état-major au 1/80,000 est souvent défectueuse; nous avons rendu à un certain nombre d'entre eux l'orthographe locale.

Nous avons fait suivre du mot allemand correspondant les localités ou les accidents topographiques indiqués sur cette carte par une dénomination française.

l'Ill et la Largue. Avant de réunir leurs eaux, ils coulent à peu près parallèlement, suivant une direction sud-est-nord-ouest.

L'Ill, le plus important des trois, prend sa source à Winkel, au sud-ouest de Ferrette ; jusqu'à son confluent avec la Doller, il a un développement de 64 kilomètres. Il est endigué à Illfurth et à Mulhouse.

Les eaux du versant est sont utilisées par l'agriculture qui les distribue dans la plaine où elles se perdent.

Les habitations isolées sont très rares. La population vit agglomérée. Les maisons sont construites en charpente ; les solives et les traverses, disposées sans régularité, restent apparentes et ont généralement une teinte noirâtre ; entre cette charpente, des briques dans les habitations des cultivateurs aisés, du torchis chez les autres, avec un badigeonnage blanc par-dessus.

Ces constructions sont facilement incendiées. Les granges, écuries, etc., tiennent souvent à l'habitation même ; quand elles en sont séparées, ce n'est que par de très petits espaces. Elles sont généralement assez vastes, mais peu aérées. L'aire des granges est formée d'une couche d'argile battue. Des vergers et des jardinets s'étendent derrière les maisons. Très peu de haies ou de clôtures. Beaucoup de maisons ont un four. Près de la frontière suisse, on retrouve les maisons de pierre ; de même dans la partie située à l'est du Thalbach.

Les puits sont assez nombreux dans la partie nord du Sundgau, mais l'eau potable est rare au sud de Ferrette jusqu'à la frontière suisse.

La région produit en abondance les céréales, blé, orge, avoine, ainsi que la betterave, le colza, la pomme de terre, les trèfles, les luzernes, etc. L'industrie est nulle.

Le réseau routier de la région est moins serré que dans les autres parties de la haute Alsace. Le pays étant fortement mamelonné, les routes et chemins sont souvent encaissés, d'où quantité de défilés favorables aux embuscades. De plus, par un temps de pluie, ils se couvrent d'une boue épaisse et gluante, résultat de la nature calcaire et marneuse du terrain ; les chemins notamment deviennent alors très mauvais, surtout dans la partie la plus rapprochée de la frontière suisse.

Voies de communication [1].

Les principales voies de communication à travers le Sundgau sont :

Routes et chemins. — a) *Direction perpendiculaire à la frontière française :*

1° Chemin de halage du canal du Rhône au Rhin ;

2° Route de Foussemagne à Dannemarie, puis à Mulhouse, par les rives droites de la Largue et de l'Ill ;

3° Chemin de grande communication de Vélescot à Dannemarie, et de cette localité à Bâle par Altkirch et Hesingue (*Häsingen*). Le croisement à Dannemarie de deux colonnes marchant sur la route n° 2 et sur celle-ci peut être évité en faisant faire à celle qui suit la route n° 3 un circuit d'un kilomètre, en contournant Dannemarie par le sud, entre la voie ferrée et les premières maisons ; le terrain est uni, découvert et très praticable ;

4° Route de Dell à Bâle, par Seppois, Feldbach, Steinsulz et Folgensburg (*Volgensberg*) :

5° Route de Réchésy à Mörnach, rejoignant la route de Besançon à Bâle, par Porrentruy et Folgensburg.

b) *Direction parallèle à la frontière française :*

1° Dans chaque vallée, une route carrossable la remontant jusqu'en Suisse ;

2° Quelques chemins vicinaux, également carrossables, mettant en communication les différentes localités de la contrée.

Les principaux nœuds de route sont Dannemarie, Altkirch, Folgensburg, Werenzhausen Ferrette, Feldbach, Dürlinsdorf et Pfetterhausen.

Canal du Rhône au Rhin. — Comme nous l'avons dit, l'Allemagne possède le bief de partage du canal du Rhône au Rhin au seuil de Valdieu ; elle est maîtresse, en outre, des deux premières écluses du versant de la Saône.

---

[1] Il ne sera en général question dans ce travail que des chemins permettant le croisement de deux voitures et pour lesquels des crédits sont prévus chaque année.

Jusqu'à Mulhouse, le canal est franchi par 13 ponts en maçonnerie et 3 en charpente.

Chemin de fer de Belfort à Mulhouse. — La ligne est à double voie; elle passe la frontière entre Montreux-Jeune et Montreux-Vieux, se dirige sur Dannemarie, puis sur Altkirck, pour descendre ensuite au delà de cette ville la vallée de l'Ill jusqu'à Mulhouse.

Les principaux points dont la destruction aurait pour résultat la mise hors de service de la ligne sont :

1° Au Vaidieu, pont sur le canal du Rhône au Rhin, de 14 mètres de longueur, avec deux fourneaux de mine dans la culée du côté de Mulhouse;

2° Viaduc de la vallée de la Largue à l'ouest de Dannemarie, appelé communément viaduc de Dannemarie; 459 mètres de longueur, avec deux fourneaux de mine dans les culées de la grande arche;

3° Viaduc de la vallée du Roesbächel, d'une longueur de 359 mètres, à l'est de Dannemarie;

4° Tranchée d'une longueur de 1700 mètres et d'une profondeur maximum de 19m,50 à l'ouest du village de Carspach (cette tranchée peut être inondée et rendue impraticable en détruisant le canal de drainage qui s'y trouve);

5° Pont en maçonnerie sur l'Ill à 1650 mètres au sud de la station d'Illfurth, 35 mètres de longueur avec dispositif de mine.

Chemin de fer d'Altkirch à Ferrette. — Cette ligne est à voie unique. Elle emprunte en partie la grand'route, même dans les villages qu'elle dessert.

La voie quitte la ligne de Mulhouse—Belfort au nord-est du village de Carspach, longe par la route la rive gauche de l'Ill jusqu'à Bettendorf, où elle passe avec la route sur la rive droite, jusqu'à Werenzhausen, d'où elles se dirigent toutes deux vers le sud-ouest, sur Ferrette.

Les principaux ouvrages d'art sont :

1° Le pont au sud de Carspach;

2° Le pont de Bettendorf } sur l'Ill.
3° Le pont de Werenzhausen }

Considérations militaires.

Cette partie du Sundgau est un pays de chicane. Elle a été le théâtre d'une retraite qui, pour n'avoir fait aucun bruit, n'en est pas moins un des plus beaux faits d'armes de la période malheureuse de notre histoire où elle s'est produite.

En 1815, après le retour de l'île d'Elbe, le général Lecourbe, commandant l'armée d'observation du Jura, avait reçu pour mission de défendre les issues de la Suisse et de la Franche-Comté.

Il était en position le 25 juin dans les environs de Huningue, avec une partie du 1er corps, savoir : 2,000 hommes d'infanterie, 5,000 gardes nationaux et francs-tireurs pour ainsi dire non exercés, de la Haute-Saône, du Doubs, du Jura et du Haut-Rhin, et des escadrons des 2e et 3e hussards et 13e chasseurs ; en tout, 600 chevaux.

Le 24, 40,000 Autrichiens, sous le comte Colloredo, débouchant de Bâle, l'obligent à gagner les hauteurs qui dominent la plaine du Rhin. Attaqué ensuite tous les jours, il ne céda le terrain que pied à pied, défendant avec un acharnement digne d'un meilleur sort toutes les positions importantes de la région, notamment celle des 3-Maisons et celle d'Altkirch. Il se retira ainsi lentement jusque sous les murs de Belfort, ayant fait, suivant l'expression locale transmise par la tradition, « 14 lieues en 15 jours », et après avoir infligé aux Autrichiens, d'après le propre rapport du comte Colloredo, une perte de 17,000 hommes.

La physionomie et le caractère du Sundgau ne se sont que peu modifiés depuis 1815 ; il reste, comme il était alors, un pays difficile.

La disposition perpendiculaire à la ligne de marche d'une attaque française des lignes de faite et des cours d'eau est éminemment favorable à la défense. Ces obstacles constituent, en effet, autant de lignes de défense successives, et d'autant plus fortes que le pays est coupé dans les parties basses, couvert dans les parties élevées, surtout à l'ouest du Thalbach, difficile en un mot. La cavalerie d'exploration, notamment, ne pourra s'y mouvoir que dans un rayon très restreint, l'horizon étant partout très borné, à moins cependant qu'elle ne soit appuyée par des pelotons d'éclaireurs d'infanterie transportés sur des voitures à ridelles, à 4 roues, nombreuses dans le pays.

Contre une attaque de ce genre, le Sundgau présente, en outre, deux positions importantes :

Position d'Altkirch. — La première, que les officiers allemands appellent communément « die altkircher Position », est constituée par les hauteurs qui forment le défilé d'Altkirch, savoir :

Au sud d'Altkirch, l'éperon du Schweighof sur lequel se trouve le signal d'Altkirch, coté 381 ;

Au nord du défilé, la croupe qui se dirige vers Heidwiller et le confluent de l'Ill et de la Largue, ayant comme avancée à l'ouest du ruisseau d'Aspach et au nord-ouest d'Altkirch le Lörchenberg[1], coté 343.

Contre un ennemi venant du sud-ouest, cette position a une grande valeur ; elle défend l'important nœud de communication d'Altkirch et le défilé de ce nom, dans lequel passent l'Ill, les routes de Mulhouse et de Bâle, ainsi que la voie ferrée; enfin, elle est à cheval sur la ligne de marche.

L'éperon du Schweighof a un fort commandement sur tout le pays environnant. Sa partie supérieure est en grande partie découverte et très favorable à l'établissement de l'artillerie, que des arbres et des broussailles permettent, en outre, de masquer. Les abords vers l'ouest sont à pentes raides, couverts de bois et de broussailles, avec des arrachements et d'anciennes carrières permettant d'abriter des paquets de tirailleurs. Le flanc droit est couvert par l'Ill et par la petite ville d'Altkirch, le flanc gauche par le Bürger-Wald, appuyé au Krebsbächlé, dont les rives sont marécageuses. Deux chemins accèdent par le sud à la position : l'un, mauvais et non carrossable, vient de Hirzbach, c'est un véritable escalier, qui peut facilement être rendu impraticable par des obstructions ; l'autre, suffisamment carrossable, peut être intercepté par l'occupation d'un petit défilé situé en avant de la lisière de l'Erlen-Wald et du Bürger-Wald. Deux chemins carrossables descendent sur Altkirch. Un chemin d'exploitation carros-

---

[1] Nous avons dû quelquefois, dans un but de précision, donner leurs noms à des accidents topographiques sur la dénomination desquels la carte au 1/80,000 est muette.

sable, empierré, passant par la ferme du Schweighof, assure la retraite vers la route de Bâle entre Saint-Morand et Wittersdorf.

La croupe de Walheim est dominée par le Schweighof. Son front est couvert par le ruisseau d'Aspach, affluent de l'Ill. Au sud et au sud-ouest, jusqu'au delà des carrières d'Altkirch, les pentes sont raides ; en face d'Aspach, elles sont plus douces et couvertes de bouquets de bois. Enfin, au nord, des vignes s'étendent jusqu'à la Largue. Sur le versant est sont disséminés quelques bois.

L'insuffisance de profondeur de cette position lui enlève beaucoup de sa valeur ; les réserves ne peuvent guère être dissimulées que par la crête. Les communications vers l'est sont rares et mauvaises ; en outre, les pentes vers l'Ill et le chemin de fer sont raides. La retraite directe de ce côté est donc dangereuse ; elle n'est guère possible que par le flanc droit, par les ponts du canal et de la Largue.

Le Lörchenberg, qui est en contrebas de la croupe de Walheim, serait occupé par la défense comme une simple avancée défendant les approches et enfilant la route de Belfort vers Ballersdorf.

Position du Britzy-Berg. — A 7 kilomètres au nord d'Altkirch, une croupe allongée pourrait servir de nouveau point d'appui à la défense de la vallée de l'Ill ; c'est le Britzy-Berg, à l'est et au-dessous du village d'Illfurth (cote 391, signal d'Illfurth). Ses pentes vers l'Ill sont très raides et couvertes de bois. De mauvais chemins d'exploitation, en sol naturel, presque impraticables après la pluie, y donnent seuls accès à l'ouest et au sud. Par contre, il est facilement accessible par le nord-est, par Zillisheim. Des bois l'entourent de toute part, excepté du côté de ce village.

Un petit plateau découvert forme la partie supérieur de la position.

Le Britzy-Berg bat tout le terrain environnant à de grandes distances vers le nord, l'ouest et le sud-ouest. A son pied passent le chemin de fer et la route de Belfort à Mulhouse, le canal du Rhône au Rhin, son chemin de halage, l'Ill et, enfin, le beau chemin qui longe la rive gauche de la Largue, puis celle de l'Ill jusqu'à Mulhouse.

Position des 3-Maisons. — La défense du Sundgau face à

l'est, contre un ennemi débouchant de Huningue ou de Bâle, dispose d'une position très importante, défendue en 1815 par Lecourbe, et autour de laquelle se sont déroulées en 1891, ainsi que nous le verrons plus loin, une partie des manœuvres du XIVe corps allemand.

Cette position, dont il nous paraît utile de dire quelques mots dans ce travail, est constituée par un long mouvement de terrain qui se distingue des autres hauteurs du Sundgau par une orientation différente, nord-sud.

Elle s'étend du village de Helfrantzkirch à celui de Folgensburg par la ferme des 3-Maisons (Drei-Haüser), qui est à cheval sur la route de Bâle à Paris.

D'un développement d'environ cinq kilomètres, presque entièrement découverte, elle a des vues étendues dans toutes les directions, et principalement vers l'est. Une série de points culminants, d'une altitude variant entre 420 et 446 mètres, dominent de plus de 100 mètres toutes les petites vallées et les chemins se dirigeant vers l'est.

Au point de vue défensif, la position est couverte sur son front par quelques bouquets de bois; les pentes d'accès sont raides surtout au sud de la route de Bâle. Elle s'appuie à droite au prieuré de Saint-Apollinaire et au village de Folgensburg, qui commandent la route de Huningue à Ferrette; à gauche, au village de Helfrantzkirch.

Enfin, elle a peu de profondeur, mais les troupes qui l'occupent ont à leur disposition trois routes qui assurent leur retraite sur Altkirch : 1° la grande route de Bâle à Belfort; 2° le chemin du Thalbach, constamment sur la rive gauche; 3° l'ancienne voie romaine qui a l'avantage du commandement et de la proximité de bois.

DEUXIÈME ZONE.

La deuxième zone a pour limites : la frontière française de Montreux-Jeune à la route de Rougemont — Massevaux; le cours de la Doller jusqu'à Mulhouse; enfin, le canal du Rhône au Rhin.

Description générale. — Le territoire de cette zone est ondulé, les pentes sont plus douces, les vallées moins encaissées, et les différences d'altitudes bien moins grandes que dans la première zone. Les vallées ont la même orientation nord-ouest, sud-est ; les plus importantes sont celles du Traubach, du Sulzbach et du Spechbach. Les croupes comprises entre le Spechbach et la frontière française sont moins boisées que les croupes correspondantes du sud du canal du Rhône au Rhin.

La Doller est un cours d'eau dont la largeur normale, dans la zone considérée, va de 8 à 15 mètres. A l'époque des pluies, ou de la fonte des neiges, cette largeur atteint le double. La rivière se divise fréquemment, formant alors plusieurs lits. Par ses eaux moyennes, elle est guéable en beaucoup d'endroits. Trois ponts seulement la franchissent, savoir : le pont du chemin de fer de Massevaux à Cernay, le pont d'Aspach (route de Belfort à Colmar) et celui de Reiningen (chemin de grande communication de ce village à Wittelsheim par la forêt du Nonnenbruch).

Le triangle compris entre le Spechbach, le canal et la Doller forme un plateau assez découvert que domine, en s'affaissant graduellement, une ligne de collines se dirigeant vers Mulhouse.

Ce plateau, à peu près au centre duquel se trouve le village de Galfingen, passe pour le lieu de concentration des troupes du XIVe corps d'armée, au début des hostilités.

Ce plateau est en communication directe avec Dornach, d'où part un tramway sur Mulhouse : 1° par une belle route neuve, qui paraît avoir été construite dans un but uniquement militaire, allant en ligne droite sur Galfingen ; 2° par la route de Dornach à Heimsbrunn par Niedermorschwiller, route que suivra bientôt le tramway de Dornach, prolongé jusqu'à Heimsbrunn.

Les villages de cette zone sont moins denses, plus étendus que ceux du Sundgau ; ils sont plus pittoresques que ceux de la plaine d'Alsace. Les fondations des maisons sont en pierres, tandis que les étages sont en charpentes, avec remplissage de briques ou de torchis ; un quart environ des maisons sont entièrement bâties en pierres. Les habitations sont espacées les unes des autres, avec un petit jardinet devant et un verger derrière ; le tout enclos de haies vives, de barrières en lattes et, parfois, de murs. Un fossé longe les clôtures qui donnent sur les routes. Toutes les maisons communes sont en maçonnerie, ainsi que les églises, dont les flèches relativement élevées, forment d'excellents observatoires.

On rencontre sur la Doller quelques établissements industriels ;

ceux-ci deviennent plus nombreux à mesure que l'on se rapproche de Dornach.

Les terres sont de qualité supérieure et l'agriculture est très florissante ; aussi le pays est-il riche et produit-il en abondance toutes les denrées nécessaires aux troupes en opération. La vigne n'existe pas.

Voies de communication. — Par des temps secs, les routes et les chemins sont très bons ; mais sous l'action des pluies, la nature argileuse du sol les rend rapidement pâteux, glissants et pénibles à parcourir.

a) *Direction perpendiculaire à la frontière :*

1° Route de Rougemont à Massevaux ;

2° Chemin de Rougemont à Lauw, Sentheim, Bourbach-le-Bas, Rodern, Thann ;

3° Route de Belfort à Colmar, par La Chapelle-sous-Rougemont, le Pont-d'Aspach et Cernay ;

4° Chemin de Vauthiermont à Bréchaumont, Traubach-le-Haut, Gildwiller, Ammerzwiller, Bernwiller, Galfingen et Dornach (cette dernière partie à l'état de grande route).

b) *Direction parallèle à la frontière :*

1° Chemin de Soppe-le-Haut à Chavannes-sur-l'Étang ;

2° Chemin de Soppe-le-Bas à Dannemarie par la vallée du Traubach ;

3° Chemin du Pont-d'Aspach à Ueberkümen par la vallée de Sulzbach ;

4° Chemin du Pont-d'Aspach à Balschwiller par les Deux-Burnhaupt ;

5° Chemin de Reiningen à Spechbach-le-Bas sur la Largue, par Heimsbrunn et Galfingen.

c) *Direction transversale :*

1° Route de Massevaux à Mulhouse par le Pont-d'Aspach, Heimsbrunn et Dornach ;

2° Chemin direct de Butwiller à Mulhouse par Bernwiller, Galfingen et Dornach.

Les principaux nœuds de route sont : le Pont-d'Aspach, Soppe-le-Bas, Chavannes-sur-l'Étang, Galfingen et Reiningen.

Considérations militaires. — Nous pensons que la 29e division, chargée de couvrir, au premier moment, la haute Alsace, sera concentrée le jour même[1] de la déclaration de guerre sur le plateau de Galfingen, de manière à se trouver en situation de pouvoir prendre rapidement position, soit en avant du Pont-d'Aspach, soit à Altkirch, suivant qu'une attaque venant de Belfort se dirigera sur l'un ou l'autre de ces deux points.

Le XIVe corps se mobilisant en deux échelons, le premier échelon de la 28e division, dont l'effectif de paix est renforcé comme celui de la 29e, débarquera à Mulhouse et à Wittelsheim le lendemain au plus tard.

Si l'attaque attendue dans l'une ou l'autre direction ne s'est pas encore prononcée, la 28e sera dirigée de suite sur le plateau de Galfingen. La 29e, dont les troupes connaissent le terrain, fournira alors deux détachements, l'un au Pont-d'Aspach, autant pour occuper ce point important que pour donner la main aux bataillons de chasseurs occupant les têtes des vallées des Vosges ; l'autre à Ferrette, pour couvrir le flanc gauche et s'opposer à toute entreprise des troupes françaises venant de Delle sur cette localité, terminus de la voie ferrée.

Dans le chapitre précédent nous avons parlé des positions défensives qui s'offraient à l'armée allemande dans le cas d'une attaque sur Mulhouse.

Dans celui-ci nous examinerons le terrain sur lequel, dans la deuxième hypothèse, les Allemands tenteraient de s'opposer à une marche éventuelle de notre part.

La première résistance se produira, croyons-nous, en avant de

---

[1] Il faut s'attendre à ne voir transmettre la déclaration de guerre à notre gouvernement que très tard dans la soirée, et avant minuit.

Les Allemands comptent gagner sur nous, à l'aide de cet artifice, une avance qu'ils utiliseront pour concentrer rapidement des troupes de premier échelon sur la frontière.

En outre, comme dans la période de tension politique on aura convoqué, sous un prétexte quelconque, un certain nombre de réservistes, — et ceci paraît certain pour les corps les plus rapprochés de notre frontière, — les Allemands pourront, le premier jour de la mobilisation, diriger des forces importantes vers l'ouest, tout au moins comme couverture. L'exploitation civile des chemins de fer cessera probablement le lendemain même de la déclaration de guerre, c'est-à-dire quelques heures après que celle-ci nous aura été communiquée, dans les territoires des XIVe, XVe, XVIe, VIIIe corps et dans le Palatinat bavarois, pour faire place aux transports militaires.

Pont-d'Aspach (*Aspacherbrücke*), sur la croupe entre le Sulzbach et la Doller, pour défendre le passage de ce dernier cours d'eau et le chemin de fer de Massevaux à Cernay.

Le hameau de Pont-d'Aspach lui-même ne saurait être défendu, par la raison qu'il se trouve dans un bas-fond, dominé de toute part. C'est une agglomération de 25 à 30 maisons et granges situées sur la rive droite de la Doller et formant une annexe de la commune de Burnhaupt-le-Haut (*Ober-Burnhaupt*).

La route de Belfort à Colmar franchit en cet endroit la rivière sur un pont métallique miné, de 6 mètres de largeur sur 24 de long.

Le Pont-d'Aspach est le point de croisement de plusieurs routes venant de Dannemarie, de Cernay, de Mulhouse par Heimsbrunn, de Massevaux, enfin de Belfort. A 1 kilomètre à l'ouest, la voie ferrée de Cernay à Massevaux fait un coude et franchit la Doller sur un pont en maçonnerie de 32 mètres de longueur, comprenant trois arches de 10 mètres d'ouverture; la culée sud (côté de Massevaux) est pourvue d'un fourneau de mine.

Au sud du Pont-d'Aspach se trouve une petite croupe s'infléchissant vers l'est et, sur cette croupe, deux villages importants, Burnaupt-le-Haut et Burnaupt-le-Bas (*Nieder-Burnhaupt*). Au pied sud de cette croupe coule le ruisseau du Spechbach; la route nationale de Belfort à Colmar et la route départementale de Dannemarie à Cernay la franchissent, se dirigeant sur le Pont-d'Aspach.

Les alentours des deux villages sont découverts et présentent de bonnes positions de batteries.

Au sud et à l'ouest de ces deux villages, mettant la route de Belfort — Colmar dans un défilé, se trouvent deux bois que l'administration forestière a fait aménager, il y a quelques années, d'une façon qui ne laisse rien à désirer au point de vue de la circulation dans le cas de défense contre un ennemi venant du sud.

Et chose digne de remarque : l'Eich-Wald [1] et le Buch-Wald, les deux bois dont il s'agit, avec deux autres petits bois situés

---

[1] Improprement dénommé Langelittenhaag sur la carte au 1/80,000.

en arrière du Pont-d'Aspach, sur le versant gauche de la Doller, sont, dans un rayon de plusieurs kilomètres, les seuls qu'on ait aménagés de la sorte et dont les laies forestières soient toujours soigneusement nettoyées.

L'Eich-Wald s'étend du Spechbach à la Doller; la route de Colmar — Belfort le longe à peu de distance pendant un certain temps. La circulation y est assurée, parallèlement aux lisières, de l'est à l'ouest par trois grandes laies sommières de 5 mètres de large et par deux chemins d'exploitation; du nord au sud, par six laies sommières de 3 mètres de large; enfin, du nord-est au sud-ouest, par une laie transversale.

Toutes ces communications sont en sol naturel.

Le Buck-Wald n'est que l'extrémité d'une forêt qui descend jusqu'à Gildwiller, prenant les dénominations de Pfannenstiehl et de Reibacher; mais ces deux parties de la forêt n'ont pas été aménagées et nous croyons en voir la raison dans ce que la partie nord, celle mettant avec l'Eich-Wald la route de Colmar et le village de Soppe-le-Bas (*Niedersulzbach*) dans un rentrant, intéresse seule la défense du Pont-d'Aspach.

Le Buch-Wald se dirige en s'amincissant vers la route de Belfort. Ici également les aménagements ont reçu des directions parallèles aux lisières : trois laies ont une direction nord-ouest, sud-est; trois autres leur sont perpendiculaires; deux transversales vont du nord au sud; enfin, un chemin forestier limite le Buch-Wald au sud-est. Ces laies ont une largeur de 3 mètres; elles ne sont pas empierrées et leur nettoiement se fait régulièrement.

Pour achever la description du terrain sur lequel s'opposera la résistance contre une marche sur Cernay et au delà, nous devons empiéter sur les zones trois et quatre, en parlant dès maintenant de celui qui s'étend au nord de Pont-d'Aspach, c'est-à-dire de la plaine de l'Ochsenfeld et de la forêt du Nonnenbruch.

Au nord du Pont-d'Aspach (alt. 301 mètres), une sorte de dos d'âne sépare la grande de la petite Doller. La route de Belfort — Colmar coupe, exactement à mi-distance du Pont-d'Aspach et d'Aspach-le-Bas (*Niederaspach*), la crête de ce dos d'âne à 322 mètres d'altitude, entre une série de petits bois constituant d'excellents points d'appui en cas de retraite.

Au nord d'Aspach-le-Bas, le terrain se relève, formant une nouvelle croupe entièrement découverte, s'infléchissant vers Reiningen et couvrant la lisière sud de la forêt du Nonnenbruch.

Plaine de l'Ochsenfeld. — La route et la voie ferrée s'engagent ensuite dans l'Ochsenfeld.

C'est une vaste plaine nue s'étendant par le pied des montagnes vers Thann, longeant ensuite la Thür dans la direction de Wittelsheim jusqu'à la forêt du Nonnenbruch qui la limite à l'est.

A part l'auberge de la Croisière (*zür Kreuzstrasse*), les fermes de Saint-Pierre (*St-Peterhof*) et du Lutzelhof, on n'y rencontre aucune habitation.

Quelques maigres bouquets d'herbes rompent seuls de temps en temps la monotonie de la plaine nue.

La terre est généralement inculte, car le sol déjà pauvre en terre végétale à la surface, se compose, à une très faible profondeur, de gravier vosgien trop perméable pour retenir les eaux. C'est la plaine « maudite », et plus d'une légende sur elle a cours en Alsace.

Les troupes de la garnison de Mulhouse y exécutent chaque année des exercices de régiment et de brigade.

L'Ochsenfeld est traversé par les routes de Belfort à Colmar et celle de Mulhouse à Than, qui s'y croisent à 1500 mètres au sud de la gare de Cernay; la route d'Altkirch à Thann par Aspach-le-Bas; le chemin vicinal de Guewenheim à Cernay par Aspach-le-Haut; enfin, les lignes de Massevaux à Cernay et de Mulhouse à Thann.

Forêt du Nonnenbruch. — La forêt du Nonnenbruch occupe la plus grande partie de l'espace compris entre la Doller, l'Ill et la Thür.

C'est une forêt appartenant en majeure partie à l'État. Elle n'est pas partout soumise au même traitement, le sol n'étant pas homogène. On y rencontre quelques futaies, du taillis sous futaies, du taillis simple et du mort-bois. Elle est parfaitement aménagée et ne laisse rien à désirer au point de vue des facilités de communication dans tous les sens.

La ligne de Mulhouse à Strasbourg la traverse du sud au nord et du sud-est au nord-ouest, celle de Mulhouse à Cernay, ainsi que la route nationale de Mulhouse à Thann et à Bussang, et la route de Richwiller (*Reichweiler*) à Wittelsheim.

Du sud au nord, le parcours est assuré par la route de Reiningen à Wittelsheim et par de nombreuses voies forestières dont quelques-unes, des garde-feu, ont jusqu'à 20 mètres de large. En général toutes les laies forestières sont en sol naturel couvert de gazon; cependant, quelques-unes ont au milieu une piste empierrée de 3 mètres à peu près de largeur.

L'intérieur présente de nombreux carrefours et beaucoup de clairières. A 1600 mètres environ, au nord du village de Reiningen, se trouvent deux grands espaces non boisés [1]; le premier, au sud de la route de Mulhouse à Thann, carré, de la contenance de 20 hectares; le second, au nord de cette route, rectangulaire, d'une superficie de 60 hectares environ. Ces deux espaces vides constituent une excellente place de rassemblement; en effet, étant situés aux points de croisement de la route nationale Mulhouse—Thann avec le chemin de grande communication de Reiningen à Wittelsheim, il est possible de diriger des troupes et de l'artillerie dans toutes les directions; enfin, ils ne peuvent être aperçus ni du sud ni de l'ouest.

Une autre particularité, c'est que le long et de chaque côté de la voie ferrée de Mulhouse — Cernay, comme de la route de Mulhouse—Thann, court, depuis le grand espace vide dont il est question jusqu'à la lisière ouest de la forêt, une bande défrichée de 6 mètres, ce qui augmente de 12 mètres la largeur de chacune de ces deux voies de communications, l'infanterie pouvant marcher de chaque côté de la route.

En outre, la partie de la forêt située au sud de la route de Thann, a été aménagée d'une façon toute spéciale : d'abord, un excellent chemin empierré mène transversalement du milieu de la portion de la route de Thann, traversant la forêt, au village de Reiningen; ensuite, une grande laie sommière brisée, d'une direction générale parallèle à la route de Thann et à la lisière sud, va de l'est à l'ouest, enfin, dans des directions perpendiculaires à la route et à ces laies sommières, se détachent, vers la lisière,

---

[1] Ces espaces non boisés ne sont pas indiqués sur la carte au 1/80,000 tels qu'ils existent.

une trentaine de laies de coupe d'un mètre de largeur. Toutes ces laies sont régulièrement nettoyées.

Nous estimons donc, pour notre part, que les deux espaces vides dont il a été question plus haut ont été conservés ou créés à dessein comme places de rassemblement, et que l'aménagement de cette partie sud-ouest de la forêt surtout, a un caractère qui dénote l'intention d'y faciliter le plus possible la circulation; enfin, qu'il entre dans les vues de l'état-major allemand d'utiliser, en cas d'échec en avant du Pont-d'Aspach, la forêt du Nonnenbruch pour manœuvrer à couvert et empêcher la jonction du corps venu de Belfort avec celui descendu du col de Bussang par la Thür.

Le Sundgau comme terrain de manœuvres.

Le Sundgau, que nous venons de décrire, est l'objet de l'étude constante aussi bien des états-majors que des troupes.

Tous les deux ans au moins, il est le but d'un voyage d'état-major, auquel prennent part des officiers d'état-major et quelques officiers d'infanterie et de cavalerie. Ces officiers appartiennent généralement aux XIVe et XVe corps et au grand état-major de Berlin; cependant, indépendamment de ces derniers, des officiers de corps et d'états-majors de l'intérieur, notamment du XIIIe, ont déjà fait partie de ces voyages.

Des manœuvres de brigade ou de division avec cadres y ont lieu chaque année pour les officiers du XIVe corps.

Pendant la période des exercices de régiment et de brigade, les corps de la garnison de Mulhouse y exécutent fréquemment des manœuvres de détachement: attaques ou défenses de positions, reconnaissances offensives et autres petites opérations, dont les thèmes se rapportent toujours à une idée tactique d'une réalisation possible ou probable dans le cas d'une invasion de la haute Alsace par des forces françaises.

Certaines de ces manœuvres amènent les troupes jusqu'à notre frontière.

Les manœuvres d'automne de la 29e division, généralement renforcée pour la circonstance, ont eu plusieurs fois pour théâtre le Sundgau.

Enfin, en 1891, les deux divisions du XIVe corps, 28e et 29e, y ont manœuvré l'une contre l'autre devant le grand-duc de Bade, chef de la Ve inspection d'armée, répétant une partie des opérations exécutées par le général Lecourbe et le comte Colloredo en 1815.

Nous croyons devoir donner un résumé de ces manœuvres, d'autant que les Allemands y ont attaché une importance exceptionnelle, à en juger non seulement par le mystère dont on avait entouré leur préparation, mais encore par les paroles prononcées à Altkirch au banquet de fin de manœuvres par le grand-duc de Bade, savoir que : « les opérations qui venaient d'être exécutées « devaient être considérées comme une répétition générale de « mesures à prendre très probablement au début de la prochaine « guerre. »

Toutes sortes de précautions avaient été prises pour que le moins possible de ces manœuvres ne transpirât au delà de la frontière. Le programme n'en avait même pas été communiqué aux officiers des corps de troupe, qui apprenaient dans la nuit seulement ce qu'ils allaient faire le lendemain.

Aucun représentant de la presse allemande, aucun officier étranger n'avait été autorisé à les suivre, et des mesures de police très rigoureuses empêchaient les civils, auxquels on réclamait d'ailleurs des preuves d'identité, de quitter les routes et les chemins.

Chacune des deux divisions comprenait : 4 régiments d'infanterie, 2 bataillons de chasseurs, 2 régiments de cavalerie, 9 batteries montées et 1 compagnie du génie. La 28e avait, en outre, un équipage de pont.

Avant d'être réunies en Alsace pour opérer l'une contre l'autre, les deux divisions avaient fait des manœuvres préparatoires, la 28e dans le grand-duché de Bade, la 29e dans le Sundgau :

Du 17 au 22 août, manœuvres de régiment ;
Du 24 au 29 août, manœuvres de régiment contre régiment ;
Du 31 août au 3 septembre, manœuvres de brigade ;
Du 4 au 8 septembre, manœuvres de brigade contre brigade.

Toutes les opérations exécutées par les corps de la 29e division étaient basées sur l'hypothèse d'une attaque française venant de Belfort.

Les manœuvres de division contre division eurent lieu du 9 au 12 septembre.

Nous n'avons eu, bien entendu, aucun renseignement de source officielle sur l'idée générale qui a présidé à ces manœuvres; mais, d'une part, en tenant compte du voisinage immédiat de la frontière et de l'hypothèse admise dans les cercles militaires allemands d'une offensive française partant de la trouée de Belfort; de l'autre, en synthétisant les situations des deux partis pendant les opérations, nous sommes arrivé à conclure que cette idée devait être la suivante :

« Une division ennemie (29e) a réussi à gagner la frontière de Helfrantzkirch — 3-Maisons — Folgensburg[1] pour couvrir le flanc droit d'une armée française pénétrant en Alsace.

« Une division allemande (28e) se porte, par la ligne du Danube au Rhin, au secours des troupes du XIVe corps qui ont été refoulées du Sundgau.

« L'ennemi a mis hors de service le pont de chemin de fer et le pont de bateaux de Huningue. »

9 *septembre*. — Les avant-postes de la division ennemie atteignent les crêtes dominant la plaine du Rhin, de Bartenheim à Hesingue (*Häsingen*).

La division de secours a achevé sa concentration sur la rive droite et cantonne le long du Rhin, de Haltingen à Istein. Elle fait ses dispositions pour passer le fleuve[2]: rétablissement (fictif) avec les moyens locaux du pont de bateaux de Huningue, et construction (réelle) de deux ponts d'équipage, près de l'embouchure de la Kander, à la traille d'Eimeldingen, de manière à utiliser le chemin de cette localité aux Haber-Haüser, sur la route nationale de Bâle à Strasbourg.

Pour protéger la construction de ces ponts, elle détache sur la rive gauche ses deux bataillons de chasseurs.

Les troupes sont rassemblées en arrière des ponts, où elles bivouaqueront en attendant leur achèvement.

10 *septembre*. — A 1 heure du matin, commence le passage du

---

[1] Décrite ci-dessus : *Première zone*, p. 311.

[2] La largeur du lit régularisé est de 200 mètres entre les digues, depuis Bâle jusqu'à Rhinau.

fleuve : l'infanterie par le pont d'aval, la cavalerie et l'artillerie par celui d'amont, les trains et le convoi par le pont de bateaux de Huningue.

A 5 heures, l'opération est terminée, et la division se dirige vers l'ouest en deux colonnes, celle de droite par Rosenau sur Bartenheim, celle de gauche sur Blotzheim.

La division ennemie, prévenue du mouvement de son adversaire, quitte ses cantonnements et prend position, sa gauche à Helfrantzkirch, sa droite à un bois situé à 1500 mètres au sud des 3-Maisons, où se trouve son centre, détachant à son extrême droite, vers Saint-Apollinaire, pour prendre d'écharpe la route de Paris à Bâle et le village de Ranspach-le-Bas, de l'artillerie accompagnée seulement de quelques soutiens.

L'action s'engage de très bonne heure. Les avant-postes de la division ennemie se replient sur la position de résistance. Le centre et la gauche de la division de secours marchent sur les 3-Maisons, pendant que la droite tourne la position par Stetten, les deux Magstatt et Zaezingen et, menaçant les derrières de l'adversaire, détermine sa retraite.

L'attaque de la position des 3-Maisons et le mouvement tournant qui décida la retraite du défenseur, se firent comme en 1815. Lecourbe défendit ensuite le terrain pied à pied, s'arrêtant le soir à Tagsdorf, tandis que la division ennemie se retira directement en arrière de l'Ill, sur la croupe de Walheim[1], au sud d'Altkirch, où elle bivouaqua.

11 *septembre.* — De grand matin, la division ennemie abandonna les hauteurs de Walheim pour aller s'installer au Schweighof[2], position très forte, aussi bien face à l'est qu'à l'ouest, mais qui l'est bien plus dans les deux cas, quand elle est flanquée par des troupes occupant la croupe de Walheim.

Cependant, la division de secours, au lieu d'attaquer la division ennemie, décrit un grand arc de cercle vers le nord pour aller occuper la croupe de Walheim et menacer la ligne de retraite sur Belfort. La division ennemie se hâte alors de quitter le Schweighof et prendre une nouvelle position sur le Lörchen-

---

[1] Voir page 9, position d'Altkirch.
[2] Voir page 10.

berg, au nord-ouest d'Altkirch, entre la cote 343 et le village d'Aspach.

La position occupée par la division de secours a l'avantage du commandement. Néanmoins, sans doute parce qu'on venait d'admettre en cours de manœuvres l'hypothèse d'un renforcement de la division ennemie, la première se met en retraite sur Gallingen par les ponts de Heidwiller et de Spechbach-le-Bas, sous la protection de deux batteries placées au Reeberg, cote 347, de sa cavalerie et de ses deux bataillons de chasseurs.

12 *septembre.* — La cavalerie de la division de secours passe à la division ennemie, qui comprend dès lors 4 régiments.

La première a pris position sur la crête allongée qui, partant du Freywald, à la cote 300, se dirige sur le Meinwald, en passant par Gallingen, où elle établit son centre.

La division ennemie marche sur Gallingen en trois colonnes, par Illfurth, par Spechbach-le-Bas et par Bernwiller, et attaque son adversaire qui, malgré la solidité de sa position, bat en retraite sur Mulhouse.

Ce combat a mis fin aux manœuvres.

TROISIÈME ZONE.

Description générale. — Nous entendons par la troisième zone, la bande du vignoble alsacien, c'est-à-dire le pied est des Vosges, ainsi que leurs derniers gradins, en général couverts de châtaigneraies et de taillis de chênes.

L'intérieur de la chaîne jusqu'à la frontière et les vallées forment notre quatrième zone.

La division des Vosges en deux zones peut paraître singulière à première vue ; nous y sommes naturellement conduit par la différence qui existe entre elles, aussi bien au point de vue du caractère physique qu'au point de vue militaire.

Cette division est, du reste, en concordance avec la division géologique. Il y a, en effet, contraste, au point de vue de la ligne, entre le faîte des coteaux qui longent les Vosges et les profils dentelés des montagnes des plans subséquents. Cette différence de forme tient à ce que les coteaux plantés de vignes, au faîte allongé, sont des dépôts de grès tertiaires, peu tourmentés lors de leur soulèvement, tandis qu'au contraire les profils dentelés de l'arrière-plan caractérisent, dans tout le massif des Vosges méridionales, le granit, avec des alternances de grès vosgien.

La troisième région s'étend à l'ouest de la route nationale de Belfort à Colmar et Strasbourg, depuis le Pont-d'Aspach jusqu'à la limite départementale, c'est-à-dire jusqu'à Saint-Hippolyte.

Cette région est la plus riche de la haute Alsace, celle où la densité de la population est la plus forte. Les villages sont en général sur le flanc ou au sommet des coteaux. Les maisons sont groupées, et les jardins n'existent qu'à l'extérieur des villages. Les habitations sont toutes en maçonnerie, séparées les unes des autres par de petites cours et des murs en pierres. Beaucoup de villages sont encore entourés, au moins en partie, d'anciennes murailles ; il en est peu auxquels il ne reste au moins une tour ou une porte fortifiée, avec créneaux, machicoulis et poivrières, derniers témoins des fortifications du Moyen-Age.

L'Ochsenfeld, dont nous avons parlé dans les considérations militaires sur la deuxième région, fait partie de la troisième zone.

Voies de communications. — Nous avons déjà cité la route nationale de Belfort à Colmar et à Strasbourg.

Comme nous l'avons vu, l'Ochsenfeld est traversé par cette route, par celle de Massevaux à Cernay, par celle de Thann à Mulhouse, par les voies ferrées Mulhouse—Cernay—Thann et Cernay—Massevaux, ainsi que par la route directe de Thann à Aspach-le-Bas.

Il est possible de circuler dans les coteaux, parallèlement à la route Belfort—Colmar en suivant l'itinéraire ci-après, composé de portions de routes et de chemins vicinaux : Rodern, Thann, Uffholz (sans passer à Cernay), Bertschwiller, Hartmanswiller, Soultz, Bergholz, Bergholz-Zell, Westhalten, Pfaffenheim, Gueberschwihr, Voeglinshoffen, Hüsseren, Eguisheim, Wettolsheim, Ingersheim, Sigolsheim, Bebblenheim, Ribeauvillé, Bergheim et Saint-Hippolyte.

Chemins de fer. — Plusieurs voies ferrées traversent en dehors de l'Ochsenfeld la partie du territoire alsacien que nous considérons ; ce sont : la petite ligne de Bollwiller à Lautenbach par

Guebwiller (vallée de la Lauch), et celle de Colmar à Munster (vallée de la Fecht), dont le prolongement jusqu'à Metzeral est en cours d'exécution. Ces lignes étant tributaires de la grande ligne Bâle — Strasbourg, nous entrerons dans le détail à leur sujet, à la suite de la notice que nous consacrerons à cette ligne, dans le chapitre relatif à la cinquième région.

Chemins de fer routiers à voie etroite. — Deux voies ferrées routières se rencontrent dans la région, savoir : celle de Colmar à Wintzenheim, qui emprunte la route de Colmar à Münster, et celle de Colmar à Lapoutroie, qui suit la route conduisant à cette localité par Ingersheim, Ammerschwihr et Kaysersberg (vallée de la Weiss).

Cours d'eau. — Les cours d'eau seront énumérés au chapitre relatif à la 5e zone.

Considérations militaires. — La zone dont nous parlons est très difficile; au point de vue des communications il n'y est pas possible, même à l'infanterie, de sortir des chemins. A part les routes que nous avons énumérées, on ne rencontre que des chemins d'exploitation grossièrement empierrés, en général fortement encaissés, avec des talus verticaux en pierres sèches de chaque côté. Ces chemins sont relativement nombreux et sillonnent tout le vignoble.

La cavalerie d'un corps se dirigeant de Belfort sur Colmar ne pourrait guère s'écarter de la route de Belfort à Colmar, surtout à partir de Cernay. Il serait indispensable de la faire flanquer à gauche par des paquets d'infanterie, et de leur confier de ce côté le service de sûreté.

La route Belfort—Colmar, en sortant de l'Ochsenfeld, traverse à niveau la voie ferrée, tout à côté de la gare de Cernay; puis la Thür sur un pont en maçonnerie à trois arches, long de 40 mètres. Elle franchit ensuite un bras de la Thür, qui longe le front sud des anciennes fortifications, sur un pont en maçonnerie, à cinq arches, de 39 mètres de long; cinq autres ponts achèvent de relier l'une à l'autre les deux rives.

Ligne de la Thür. — En arrière de l'Ochsenfeld, les Allemands disposent d'une nouvelle ligne de défense, celle de la Thür.

Isenheim. — Plus au nord, Isenheim, sur la Lauch, petite localité industrielle de 1800 habitants et nœud de routes important, offrirait un nouveau point de résistance à une arrière-garde. La route franchit la Lauch à la sortie nord du village sur un pont en maçonnerie à trois arches, de 25 mètres de longueur. Au sud de la ville, le mur de clôture du parc de l'ancien couvent des Jésuites et des maisons ouvrières forment l'enceinte extérieure. Le village est couvert à l'est par le bois du Nieder-Wald, et surtout par les Lachmatten, prés marécageux d'une cinquantaine d'hectares de superficie, sillonnés de nombreux canaux d'irrigation.

A l'ouest, la Lauch coule dans un fossé encaissé, difficile à franchir.

Un deuxième pont, situé à l'ouest du pont de la grand'route, mène au cimetière et à la route de Guebwiller à Rouffach.

Bollenberg. — Au sud d'Isenheim, dans la partie comprise entre Bergholz, Westhalten et Rouffach, se trouve une position appelée le Bollenberg que nous considérons, comme importante. C'est un petit massif isolé indépendant des contreforts des Vosges et d'une constitution géologique différente de la leur. Trois petits dômes arrondis, formant les trois sommets d'un triangle, garnissent sa partie supérieure ; l'un d'eux, celui de l'ouest, consiste en dépôts jurassiques ; les deux autres sont tertiaires.

Au nord du Bollenberg se trouve le Strangenberg, qui présente relativement aux Vosges la même particularité géologique.

Ces deux hauteurs mettent dans un défilé le ruisseau de l'Ohmbach, petit affluent de la Lauch, et la route de Soultzmatt ; elles commandent la route nationale de Belfort à Colmar et la voie ferrée Bâle à Strasbourg ; enfin, elles couvrent la seule route franchissant le massif du Kahlen-Wasen (Petit Ballon) entre la Lauch et la Fecht, la route qui, de Bühl, mène à Soultzbach, par Soultzmatt et Osenbach.

Les abords de ces deux hauteurs sont couverts de vignes, par conséquent, presque impraticables ; sur leur front coule un ruisseau appelé *Quirenbaechlé*, puis *Holz-Kanal* ; leurs parties supérieures, rocailleuses et incultes, sont dénudées et offrent d'excellents emplacements de batterie. Des chemins dépassant 2m,50 de largeur, empierrés, conduisent de tous côtés aux sommets.

La Thür est un cours d'eau profond, aux rives marécageuses et à régime variable; sa largeur, dans la partie considérée, oscille entre 10 et 20 mètres.

Cette ligne s'appuie à droite aux hauteurs couvertes de vignes de Steinbach, à gauche à la forêt du Nonnenbruch.

La petite ville de Cernay, qui se trouve au centre, à cheval sur la grand'route et en arrière de la Thür, est susceptible d'une certaine défense par ses faubourgs, une excellente enceinte extérieure et un noyau, l'ancienne ville, qui est encore entourée de murailles flanquées de tours et de fossés. Les bâtiments de la gare et le faubourg de Belfort seraient probablement organisés défensivement, pour former tête de pont. La croupe entre Uffholz et Steinbach, cote 357, est une bonne position de batterie.

Les ponts de Cernay ont une grande importance, parce que des ponts les plus rapprochés de la route de Belfort à Colmar, celui de Vieux-Thann, à l'ouest, est à 4 kilomètres, et celui de Wittelsheim, à l'est, à 6.

Près du moulin de Wittelsheim, au nord-ouest de ce village, trois gués, les uns près des autres, seraient les seuls moyens de passage de la Thür, en cas de destruction des ponts de Cernay. Le pont de chemin de fer de la Thür, près du château de Staffelfelden, serait probablement détruit, quoiqu'il ne comporte en ce moment aucun dispositif de mines, pas plus, d'ailleurs, que les autres ponts dont il vient d'être question.

Bois de Berrwiller. — A 4 kilomètres de Cernay, entre la route de Belfort à Colmar et le village de Staffelfelden, la défense dispose d'un nouveau point d'appui, c'est le bois de Berrwiller. La lisière sud est couverte par la Thür; celle ouest est entourée d'un fossé, avec la ferme de Labussière en avant de la patte d'oie que forme la route nationale avec le chemin de Berrwiller—Staffelfelden et celui de Berrwiller—Wittelsheim par le gué du moulin.

Le bois est praticable dans tous les sens; une grande laie sommière de 15 mètres de large, notamment, le traverse en son milieu du sud-ouest au nord-est; sur la lisière ouest, se développe la route nationale.

En défendant le bois de Berrwiller, on pourrait surtout avoir en vue de permettre l'évacuation ou la mise hors de service du matériel de l'importante station de Bollwiller.

C'est encore une position dont pourraient profiter les Allemands dans le cas de retraite. Un parti masqué dans l'intérieur du cirque de Wintzfelden, pourrait tomber à l'improviste sur le flanc d'une colonne en marche sur Colmar.

En occupant les deux localités de Rouffach et de Gundolsheim, on augmenterait l'importance de la position du Bollenberg — Strangenberg. Rouffach, chef-lieu de canton, est encore entouré de ses fortifications du côté de la plaine ; la route de Belfort — Colmar le traverse du sud au nord ; il est dominé au nord par le château d'Isenburg qui, lui aussi, peut être organisé défensivement. Gundolsheim, village de 650 habitants, est situé au sud de Rouffach et peut également être mis en état de défense ; il est entouré de ses fossés et de quelques murs à l'ouest et au sud, tandis qu'il est couvert à l'est par la Lauch.

Enfin, il nous reste à signaler deux défilés traversés par la route nationale et dans lesquels une colonne ne devrait pas s'engager sans avoir préalablement exploré les environs : ce sont les défilés de Pfaffenheim, à deux kilomètres au nord de Rouffach, et le défilé de Hattstatt, à trois kilomètres au delà du précédent.

QUATRIÈME ZONE.

Description générale. — Les Vosges et leurs vallées, de la frontière française aux coteaux qui enlacent leur base au-dessus de la plaine d'une part, et du contrefort du Bärenkopf à la vallée de la Liepvrette de l'autre, forment la quatrième zone.

Les Vosges méridionales, généralement appelées hautes Vosges, sont constituées par un massif granitique, avec quelques alternances de grès vosgien. Les vallées supérieures sont des vallées d'érosion qui ont été occupées naguère par des courants de glace, pareils à ceux qui descendent encore des sommets dans les vallées des Alpes. Les moraines et les dépôts erratiques sont partout caractérisés et marquent d'une manière parfaitement visible les étapes des glaciers dans leur mouvement. Nous voyons, d'ailleurs, encore maintenant, dans les parties élevées des Vosges, de petits glaciers temporaires, des amas de neige grenue, mêlée de glace, persister d'un hiver à l'autre pendant les années extraordinairement humides. La température moyenne des sommets élevés oscille entre 4 et 5 degrés centigrades, et il y tombe souvent de la neige en été, quand il pleut dans la plaine.

Les hautes Vosges ont l'aspect d'une chaîne élevée, couverte de forêts profondes, surmontée de sommets arrondis, dénudés, qui forment la ceinture des vallées, dont les eaux ont donné naissance à une florissante industrie, tandis que la ligne de faîte est coupée seulement par des cols fortement encaissés.

Les parties dénudées forment des pâturages alpestres où de nombreux troupeaux passent la bonne saison. Pour les garder, en retirer le lait et fabriquer le fromage, des gens spéciaux appelés « marcaires » montent également dans ces hautes régions dès les premiers beaux jours et s'établissent dans des habitations de forme particulière. Ce sont des constructions en maçonnerie ou en bois assez basses, au toit aplati, en bardeaux, consolidées quelquefois au moyen de grosses pierres, afin de mieux résister aux tempêtes. A une extrémité se trouvent deux pièces servant d'habitation et de fromagerie. Une étable occupe sous le même toit le reste du bâtiment. Dans les exploitations importantes, l'étable est à part. La contenance des étables varie de 15 à 60 bêtes à cornes.

Ces fromageries sont toujours abritées des vents violents.

De la partie comprise entre l'éperon du Bärenkopf à l'extrémité du champ du Feu on ne compte pas moins de 200 de ces fromageries.

Sur certains sommets, les pâturages sont séparés les uns des autres par de longs murs en pierres sèches.

Vallée de la Doller. — La frontière suit la crête du contrefort du Bärenkopf depuis le ballon d'Alsace jusqu'au delà de Rougemont. Un sentier [1] longe cette crête depuis les Chaumes-des-Plaines jusqu'à Sudel, tantôt en terrain découvert, tantôt sous bois.

Du ballon au Bärenkopf les communications entre les deux

---

[1] A part quelques exceptions, nous ne mentionnerons dans ce travail que les sentiers créés par le Vogesen Club ou le Club alpin français. Ce sont les seules qui soient à pentes adoucies et régulièrement entretenus. Ils ont une largeur variant entre 1 mètre et $1^{m},50$, et des indicateurs marquent les directions d'une manière très précise. Il existe d'autres sentiers, assez nombreux même, qui sont suivis par les marcaires et leurs troupeaux, mais ils sont très irréguliers, et il est indispensable d'avoir des guides pour y circuler.

versants sont rares et difficiles. Ces communications sont les suivantes :

Sente de contrebandier venant du Bärenloch, coupant la frontière à la borne 3315 et se bifurquant ensuite vers la Milandre (vallée de la Rosemontoise) et vers la Madeleine ;

Sentier de l'Alfeld au Ballon, jalonné par des indicateurs ;

Chemin en sol naturel, praticable pendant la belle saison aux voitures légères, allant au Bärenkopf, puis dans la vallée du Saint-Nicolas ;

Chemin de même nature conduisant au Sudel et à la ferme du Neuberg, puis ensuite dans cette dernière vallée.

Dans le fond de la vallée, un excellent chemin forestier, empierré, à pente douce et régulière[1], partant de la ferme de la Lerchenmatt, au sud de Sewen, conduit par le vallon du Wagenstalbach à la ferme du Gross-Langenberg. Entre cette ferme et la frontière, 500 mètres environ, il n'existe plus qu'un large sentier, qu'il serait facile de rendre carrossable en quelques heures en échelonnant, comme travailleurs, sur toute cette longueur les hommes de deux compagnies munis d'outils.

Un très mauvais chemin, souvent encombré de grosses pierres, part de la sortie sud-ouest de Sewen pour aller à la ferme du Klein-Langenberg et rejoindre ensuite le précédent.

Du point où ce chemin atteint la frontière à la route du Ballon, il existe un bon chemin forestier que suivent journellement les voitures de contrebandiers.

La Doller prend sa source dans le Bärenloch, au col et près de la marcairerie de la Fennematt. Elle coule tout d'abord vers l'ouest, contourne le massif du Dürrwald, pour aller vers l'est au delà de Sewen. Le fond de la grande vallée de la Doller, au pied du ballon d'Alsace, est formé par un grand cirque d'origine glaciaire appelé l'Alfeld, dont on a fait, au moyen d'un barrage monumental, un vaste réservoir d'eau[2].

---

[1] Des tronçons d'un chemin du même genre ont été construits par le service forestier sur le versant gauche de la haute Doller jusqu'aux Plaines. Quand les fonds permettront de les raccorder entre eux, un chemin carrossable conduira jusqu'aux chaumes du ballon des Plaines, près de celle des deux fermes qui est située en territoire allemand.

[2] C'est aux savantes études et à l'initiative du regretté Charles Grad, député au Reichstag, membre correspondant de l'Institut de France, que la haute

La Doller arrose plusieurs localités dans lesquelles l'industrie est assez développée, savoir : Oberbruck, Wegscheid, Kirchberg, Niederbruck et Massevaux ; cette dernière, chef-lieu de canton de 3,300 habitants.

La vallée de la Doller est remontée par une excellente route qu'empruntera prochainement le chemin de fer de Cernay—Massevaux prolongé jusqu'à Sewen [1], où la route elle-même s'arrête, un simple chemin carrossable conduisant au delà jusqu'au réservoir de l'Alfeld.

Au delà de Massevaux, la vallée se resserre pour finir par un étranglement au village de Lauw (*Aue*).

Au sud de cet étranglement, à 1200 mètres de la frontière française, mais en territoire allemand, se trouve une position d'une certaine importance tactique, parce qu'elle commande ce défilé. Située à l'ouest de Lauw, entre ce village et le Kochwald, elle est désignée sous le nom de Schlag sur la carte française au 1/80,000e, tandis que dans le pays elle est appelée Raekholder ou Schlössleberg. Quoique dominée par le versant opposé, elle ne peut être battue, parce que celui-ci est couvert par un massif boisé tout à fait impraticable.

Le fond de la vallée de la Doller est formé de pâturages, et les flancs sont couverts de belles forêts. Sa largeur oscille entre 100 et 800 mètres.

La Doller n'a pas le caractère torrentueux de la majeure partie des autres cours d'eau de ce versant vosgien ; elle coule relativement calme, se jetant dans l'Ill, au nord de Mulhouse.

Massif entre la Doller et la Thür. — Ce massif porte le nom de Rossberg : son maximum d'altitude est de 1196 mètres. Il se raccorde à la chaîne médiane au Gresson (1124m).

Alsace est en majeure partie redevable du beau système de réservoirs qui lui permettent de régulariser le régime de ses cours d'eau et qui assurent, lors de l'étiage, aux industries riveraines la force motrice nécessaire, à l'agriculture l'eau indispensable pour l'irrigation des prairies.

On a utilisé pour la création de ces réservoirs les lacs des hautes vallées, dont la plupart, pour ne pas dire tous, doivent leur origine à des moraines transversales formant de véritables digues de débris erratiques déposés par d'anciens glaciers, et sur lesquelles ont été édifiés les barrages.

1 Projet officiel, appuyé par les industriels de la vallée.

C'est un massif très difficile, aux pentes abruptes, aux sommets anguleux, au profil déchiqueté ; au-dessus de la zone d'altitude de 800 mètres, il est couvert d'une épaisse forêt de sapins et de hêtres : au-dessous, se trouve la région du chêne en taillis et du châtaigner.

Le parcours en est extrêmement difficile ; dans la partie est, un assez mauvais chemin, en hiver praticable seulement avec des attelages de bœufs, met Massevaux en communication avec Bourbach-le-Haut ; un chemin forestier, également carrossable à la rigueur avec des bœufs, mène de Rimbach au col des Charbonniers, par la ferme de Schœnmatt ; il est très rapide en certains endroits et souvent encombré de roches, surtout dans le voisinage du col. Ce chemin se continue sur le versant de la Thür jusqu'à Storkensohn.

Aucune autre voie carrossable ne fait communiquer la vallée de la Doller avec celle de la Thür. Quelques sentiers, créés par la section du Vogesen Club de Saint-Amarin, permettent seuls de passer d'un versant à l'autre par la crête ; ce sont les sentiers de :

1° Massevaux à Bitschwiller, par l'Eichburg, le Krabefels, le col de Hundrücken et Allenburn ;

2° Massevaux à Willer, par le vallon du Willerbach, le Wasserfall, le Holzplatz, la ferme du Sattel et celle de Alt-Raïn ;

3° Wegscheid à Moosch, en passant entre le Sulzbach et le Siekertbach, la ferme du Rossberggesicht et le Sattel ;

4° Rimbach à Wesserling, par la ferme et le col du Bellacker et Mitzach (avec bifurcation sur Mollau).

Enfin, un excellent senter de 1 mètre de large, ouvert en 1886 par la même section, longe la crête du Rossberg jusqu'au Gresson.

Vallée de la Thür. — La vallée de la Thür va s'ouvrir sur l'Ochsenfeld. Elle est, de toutes les vallées de ce versant des Vosges, celle où l'industrie est le plus développée. Aucune autre, de population égale, ne fait une part aussi faible au travail agricole. Le morcellement des terres arables et des prairies est tel que pas une seule famille n'a un domaine rural assez étendu pour en vivre.

La vallée a une longueur de 23 kilomètres entre Wildenstein

et Thann ; un chemin de fer la remonte jusqu'à Wesserling, où elle se divise en deux branches se dirigeant, l'une sur le col de Bussang, l'autre sur celui de Bramont. Wesserling se trouve à 450 mètres d'altitude, le col de Bussang à 734 et celui de Bramont à 950.

Trois routes donnent accès dans la vallée du versant occidental des Vosges : au nord, la route de Gérardmer à Wesserling, par la Bresse, le col de Bramont et Wildenstein ; plus au sud, celle de Remiremont à Wesserling, par Cornimont, le col d'Oderen et Krüth ; enfin, au sud de la précédente, la route nationale de Bar-le-Duc à Bâle, par Saint-Maurice, le col de Bussang et Wesserling.

La largeur du fond de la vallée varie entre 700 et 300 mètres.

Les lacets de la Thür, les nombreux canaux d'irrigation, les clôtures de toute sorte qui limitent les prés et les parcs, empêchent de marcher en dehors de la route et de la voie ferrée. Les flancs de la vallée sont généralement boisés. Elle s'étrangle vers le débouché ; en entrant à Thann, son fond n'a pas plus de 250 mètres de largeur. Cette ville se trouve dans un vrai défilé, où il ne faudrait s'engager, venant de Bussang, qu'avec la plus grande circonspection.

La population totale de la vallée est de 19.700 âmes.

Les postes de douaniers d'Urbès et de Wildenstein sont reliés à Wesserling par des lignes téléphoniques.

Les localités principales sont : Wesserling, Saint-Amarin et Thann ; elles ont toutes une grande importance industrielle.

La Thür, après avoir quitté sa vallée, passe à Cernay et se divise à Staffelfelden en deux branches, qui vont se jeter dans l'Ill, l'une, appelée la vieille Thür, à Horbourg, près de Colmar, l'autre, la Thür proprement dite, à 1 kilomètre en aval d'Ensisheim.

Massif du ballon de Guebwiller ou grand ballon. — Le ballon de Guebwiller ou grand ballon, le sommet le plus élevé des Vosges (1426 mètres), est un massif à base triangulaire jeté en forme de chaînon latéral en avant du faîte de partage des eaux. Il est relié à la chaîne médiane par un rameau d'attache allant du Lauchenkopf (1286 mètres) au Rheinkopf (1309 mètres).

De ses trois arêtes, l'une va du Lauchenkopf au ballon de

Guebwiller, les deux autres se dirigent vers la plaine pour finir, l'une à Thann, l'autre à Guebwiller, aux débouchés des deux vallées de la Thür et de la Lauch. Ces arêtes ont un profil moins tourmenté, des dépressions moins profondes que celles du Rossberg.

Tandis que les sommets du Rossberg sont couverts de forêts épaisses, ceux du ballon sont dénudés, formés de dômes gazonnés et couverts de pâturages alpestres, où la neige se maintient par places jusqu'au mois de juillet, pour reparaître dès les premiers jours d'octobre. Au-dessous des pâturages viennent des forêts de hêtres et de sapins, puis de châtaigneraies et des taillis de chêne ; enfin, les côteaux, qui enlacent la base au-dessus de la plaine, portent des vignes aux expositions chaudes, jusques en arrière de Thann.

Les crêtes du ballon sont encore inaccessibles aux voitures. Nous disons encore, parce qu'elles le seront dans un avenir prochain. Les lignes de faite, toutes en chaume, sont praticables à l'artillerie légère, depuis la ferme du Mordfeld jusqu'au Schweisel-Wassen [1], en passant par la ferme du Steinlebach.

Le gouvernement allemand, auquel importe au point de vue militaire la création d'une voie carrossable à travers le massif du ballon de Guebwiller, pousse le Vogesen Club à créer, sur le versant de la Thür, au moins un chemin ferré de 3 mètres de largeur ; la section de Saint-Amarin, de qui relève le massif, a accepté en principe ; mais comme elle manque d'une partie des fonds nécessaires pour l'exécution du travail, elle demande à l'État une subvention qui sera probablement accordée ; elle rendra alors carrossable l'un des trois excellents sentiers suivants qui lui appartiennent :

1° Nouveau chemin de piétons de $1^{m},50$ de large, du Mordfeld à Saint-Amarin, longeant le ruisseau du Merbächel, puis celui du Hintervogelbach, et passant au village de Geishausen (depuis le pont du Furstelbach, ce chemin est carrossable) ;

2° Du Steinlebach à Oderen, par Treh (partie de route déjà carrossable) ; à partir de Treh, chemin de club, rejoignant la chemin carrossable, très bon et à faible pente, de Tschar à Oderen ; chemin de Tschar à Oderen ;

---

[1] *Wassen* veut dire en dialecte local : hauts pâturages.

3° Du Steinlebach à Krüth, par Hahnenbrunnen, Schaflert (à partir de ce point, la route est carrossable) ; Krüth.

D'autres sentiers permettent de monter de la vallée de la Thür sur la crête, mais ils sont dépourvus d'indicateurs.

Une bonne route carrossable conduit de la vallée de la Lauch, par la maison forestière de la Roll, jusqu'au lac du ballon, situé au pied et à 440 mètres au-dessous du sommet de la calotte du ballon. Une autre route carrossable, pareille à la précédente, s'arrête au pied du Hundskopf. A partir du lac, la ligne de faite ne peut plus être atteinte que par des sentiers.

Il y a tout lieu de supposer que l'une au moins de ces deux routes sera continuée jusqu'à la crête, lorsque la section de Saint-Amarin aura élargi les portions de sentiers qu'elle a promis de rendre carrossables.

De la vallée de la Fech, on peut atteindre le petit plateau du Steinlebach, soit par Mitlach en prenant au delà des sources de la Fecht le beau et large sentier créé en 1886 par le Vogesen Club, soit par Sondernach par un chemin forestier[1] montant jusqu'au pied du Kleinkopf et, de là, sur le plateau par un des sentiers qui y aboutissent.

Une route va de Willer à Goldbach, puis, par le col de la Matt, situé au pied est du ballon, à Soultz par les deux Rimbach.

Vallée de la Lauch. — La vallée de la Lauch est la plus petite et la plus verdoyante de toutes les vallées du versant est des Vosges. Son développement dans sa partie habitée, c'est-à-dire entre le hameau de Sengeren et Guebwiller, n'est que de 8 kilomètres.

Les eaux de la Lauch sont utilisées comme force motrice par un assez grand nombre de scieries, de filatures et de tissages.

Le chemin de fer de Bollwiller à Guebwiller remonte la vallée pour desservir Bühl et les deux Lautenbach.

Une excellente route conduit jusque dans le fond de la vallée.

Guebwiller, situé au débouché de la vallée, est un chef-lieu de cercle et de canton (12,500 habitants) ; industrie très développée.

La Lauch fait dans la plaine un changement de direction à

---

[1] Les chemins forestiers du versant alsacien des Vosges sont, en général, carrossables pendant la belle saison.

gauche pour couler vers le nord jusqu'à Colmar, où elle se jette dans la Thür.

Massif du Kahlen-Wassen ou petit ballon (1274 mètres). — Ce massif se détache du Lauchenkopf par le Wissort (1318 mètres), séparant la Lauch de la Fecht. Il a le même caractère et la même physionomie que le massif du grand ballon, avec ces différences, cependant, que son altitude moyenne est inférieure de 200 mètres, que ses pentes sont plus douces, et que presque tous les sommets sont couverts de forêts, à l'exception de la tête du petit ballon, ou Kahlen-Wassen, qui lui-même est une chaume, comme son nom l'indique.

Le versant nord, vallée de la Fecht, est sillonné de chemins forestiers, praticables pendant la bonne saison avec des attelages de bœufs, mais qui s'arrêtent à la crête ; le versant sud, vallée de la Lauch, est moins bien partagé.

Une belle route carrossable traverse la partie est du massif, de Bühl sur la Lauch à Soultzbach sur la Fecht, par Soultzmatt et Osenbach.

Un chemin forestier conduit de Lautenbach à Wasserbourg, et de là à Soultzbach.

Un bon sentier met en relation Metzeral, sur la Fecht, avec Linthal et la vallée de la Lauch par Sondernach.

Enfin, un autre sentier va de la ferme du Steinlebach, passant entre le Lauchenkopf et le Kleinkopf, à la maison forestière de Querben, d'où part un chemin forestier allant à Sondernach.

Massif du Hohneck. — Entre le Rheinkopf et le Kruppenfels, se dresse le point culminant de l'arête médiane, le Hohneck (1366^m).

Quoique n'étant pas le sommet le plus élevé des hautes Vosges, le Hohneck en constitue néanmoins le massif de diramation : sur ses versants naissent d'un côté les Moselottes, la Vologne et la Meurthe ; de l'autre, la Fecht et la Thur ; et ses chaînons latéraux embrassent les vallées de la Lauch, de la Weiss, etc.

Le massif est traversé par un assez mauvais chemin allant de Muhlbach aux Feignes-sous-Vologne et à la Bresse, par Gaschney.

Quelques sentiers du Vogesen Club et du Club alpin français rayonnent autour de la cime du Hohneck.

Entre le Hohneck et le Tanneck, la crête se creuse du col de la Schlucht (1150m), que traverse la route de Gérardmer à Munster. La pente moyenne de cette route, sur le versant alsacien, est de 45 millimètres par mètre; le maximum, de 60.

La longueur de la route est de 17 kilomètres de la frontière à Munster, dont l'altitude est de 375 mètres.

Un mauvais chemin conduit de Sulzeren au Tanneck et à la ferme du Tanet; de là un chemin forestier mène au Valtin.

Vallée de la Fecht. — La largeur de la vallée à partir de la petite ville de Munster, chef-lieu de canton de 5,100 habitants, jusqu'à la plaine d'Alsace, oscille entre 500 et 1100 mètres. Le fond en est couvert de prairies et de cultures. A partir de Munster, les pentes inférieures du versant nord sont couvertes de vignes aux expositions chaudes; le versant opposé est boisé jusqu'au pied.

Un chemin de fer à une voie, partant de Colmar, remonte la vallée jusqu'à Munster, et sera continué incessamment jusqu'à Metzeral par le tronçon en cours de construction. Deux belles routes longent de chaque côté la rivière.

La Fecht descend du Hohneck et du Lauchenkopf par deux bras qui viennent se réunir à Munster; elle alimente de nombreuses usines. Souvent à sec en été, elle a alors l'aspect d'un oued algérien; mais, pendant la saison pluvieuse ou après la fonte des neiges, c'est un torrent impétueux ravageant tout sur son passage et qu'il a fallu maintenir, par des travaux d'endiguement, dans un lit régulier. En outre, pour modérer sa vitesse d'écoulement et diminuer les effets désastreux de son fond essentiellement meuble, on a dû diminuer la pente des eaux par un système de barrages échelonnés de distance en distance. Ce qui indique jusqu'à quel point le régime de la Fecht est torrentiel, c'est que le débouché de sa vallée s'élargit, contrairement à ce qui a lieu pour les autres vallées des Vosges, dont les débouchés se resserrent.

La Fecht quitte sa vallée, s'infléchissant vers le nord, pour aller se jeter dans l'Ill à Illhaüsern, à la limite de la haute et de la basse Alsace.

La vallée de la Fecht, communément appelée dans le pays « vallée de Munster », offre toutes les ressources alimentaires désirables;

elle est très populeuse, et l'industrie y est très développée. L'élevage du bétail est une de ses grandes sources de revenus.

La vallée de la Fecht, avec la vallée de la Doller, sont les seules de toutes les vallées des Vosges dont les produits agricoles suffisent à l'entretien de leur population.

Massif entre la Fecht et la Weiss. — Ce massif, appelé le Kuh-Berg, et dont le Hohnack (980 mètres) est le point culminant, se raccorde à la chaine centrale par les Hautes-Chaumes. Il s'affaisse brusquement sur la Fecht par des pentes très raides, tandis qu'il s'étend en pentes plus douces sur la Weiss.

Dans son ensemble, il est moins difficile que les massifs précédents. Il est entièrement couvert de forêts, aussi bien sur ses pentes que sur ses sommets.

Deux chemins vicinaux le franchissent de la Fecht à Orbey (Urbeis); ce sont : 1° le chemin de Sulzeren à Orbey par le hameau des Hautes-Huttes (Obere-Hütten), avec bifurcation sur Pairis; 2° celui de Turckheim à Orbey par les Trois-Épis, sur lequel s'embranche à la Trinque, au pied du Hohnack, un autre chemin carrossable descendant sur la Fecht à Wihr-au-Val (Weier-im-Thal).

D'Orbey, une route conduit à La Poutroye (Schnierlach).

Plusieurs sentiers du Vogesen Club mènent au Hohnach, de la vallée de la Fecht comme de celle de la Weiss.

Un chemin forestier longe la crête, raccordant les deux chemins carrossables qui mènent de la Fecht à Orbey.

Deux autres chemins, carrossables quoique mauvais, conduisent aux Trois-Épis; l'un d'eux part de Niedermorschwihr, l'autre d'Ammerschwihr.

Enfin, un chemin vicinal va de cette dernière localité à La Baroche et à Orbey.

Orbey est relié au Valtin, dans la vallée de la Meurthe, par un chemin carrossable passant par Blanc-Rupt le col de Luschbach et le Rudlin.

En outre, les nombreux hameaux répandus dans le massif communiquent entre eux par de mauvais petits chemins non carrossables. Tous les transports se font dans la région à dos d'ânes; ces quadrupèdes y sont très nombreux.

Vallée de la Weiss. — La Weiss sort du lac Blanc et du lac Noir. Ces deux lacs ont été transformés de la façon que nous avons indiquée en gigantesques réservoirs d'eau.

La Weiss est une rivière torrentueuse, qui alimente beaucoup de scieries et d'usines. Sa vallée est couverte de prairies; son maximum de largeur (avant d'arriver à Kaysersberg) est de 300 mètres.

Un chemin de fer routier, venant de Colmar, remonte la vallée jusqu'à La Poutroye, desservant Ingersheim, Ammerschwihr, Kienzheim, Kayserberg et Hachimette.

La route départementale du Rhin aux Vosges par Neuf-Brisach, Colmar et Kaysersberg, remonte la vallée, pour franchir la frontière au col de Bonhomme.

Le versant sud de la vallée, du débouché à la fabrique d'Aspach, est couvert de vignes; au delà, les deux versants sont garnis de forêts.

Kaysersberg, localité importante de la vallée, est un chef-lieu de canton de 2,600 habitants. Elle est dominée par les ruines de l'ancien château féodal dit de Barberousse.

La Poutroye, située dans le haut de la vallée, est également un chef-lieu de canton, possédant des tissages et des filatures.

La Weiss va se jeter dans la Fecht, près de la station du chemin de fer de Bennwihr.

Massif entre la Weiss et la Liépvrette (*Leber*). — Ce massif se détache de la chaine principale au Rossberg (1130^{m}), au nord du col du Bonhomme, et se dirige vers le nord-est, dominé par une ligne de petits dômes.

Ses points culminants sont : le Brézouars, ou Bressoir (1231^{m}.), entre la Liépvrette, la Weiss et le val de Fréland ; le Seeburg (944^{m}), entre le val de Fréland, la Weiss et le Strengbach : et le Ramelstein (922^{m}), entre le Strengbach, la Liépvrette et la plaine.

Tout le massif est boisé, les pentes sont abruptes et les communications moins nombreuses et moins faciles que dans le massif entre Weiss et Fecht ; il est également moins peuplé.

Une belle route parallèle à la frontière relie le Bonhomme (Diedolshausen) à Sainte-Marie-aux-Mines (Markirch) par la haute vallée de la Liépvrette. De cette route se détache aux Bagenelles, pour se diriger vers la Croix-aux-Mines, un mauvais chemin franchissant la crête à la Croix-de-Bois.

Une route départementale met Ribeauvillé en communication directe avec Sainte-Marie-aux-Mines par la gorge du Strengbach et le col du Tännichel, à l'ouest du Ramelstein.

Un chemin carrossable mène de Fréland (Urbach) à la route de Ribeauvillé, à Sainte Marie-aux-Mines par Aubure.

Enfin, un autre chemin carrossable va de Liépvre (Leberau) à Saint-Hippolyte (Sant-Pilt), avec bifurcation, à mi-chemin, sur Rodern.

Le Vogesen Club a fait construire de nombreux sentiers dans tout le massif; tous sont munis d'indicateurs.

Ribeauvillé est un chef-lieu de canton de 6,000 habitants, dominé par les ruines de trois châteaux féodaux respectivement appelés Saint-Ulrich, Hoh-Rappolstein et Girsberg.

Vallée de la Liépvrette. — La vallée de la Liépvrette contourne le Brézouars, allant du sud-ouest au nord-est, et s'infléchit progressivement vers l'est, pour déboucher dans la plaine en face de Schlestadt. La Liépvrette prend sa source au Rossberg et reçoit, à gauche, les eaux du Giesen, qui a traversé le val de Villé (Weiler). Elle est d'une nature paisible, tandis que le Giesen manifeste souvent des allures violentes au moment des pluies ou de la fonte des neiges.

Un chemin de fer à une voie quitte la ligne de Strasbourg à Bâle entre Schlestadt et la station de Scherwiller, pour remonter la vallée jusqu'à Sainte-Marie-aux-Mines. Un autre tronçon à une voie, récemment achevé, s'embranche à Weilerthal et remonte le Giesen jusqu'à Villé.

La route nationale de Nancy à Schlestadt franchit le col de Sainte-Marie-aux-Mines ou de Wissembach à l'altitude de 780 mètres.

Sainte-Marie-aux-Mines (altitude 358^{m}), petite ville manufacturière de 11,500 habitants et chef-lieu de canton.

Populations romanes. — Les hautes vallées de la Liépvrette et de la Weiss, c'est-à-dire les cantons de Sainte-Marie-aux-Mines et de La Poutroye, sont habitées par les descendants de colonies romanes qui s'y sont installées jadis, et que l'on désigne en Alsace sous le nom de Welches.

Les Welches parlent tous le français [1] et se servent entre eux d'un patois roman dont le vieux français constitue le fond, entremêlé de locutions d'origines celtique et latine.

Outre la différence de langue, ils se distinguent également de la population d'origine germanique par le type, par les mœurs et surtout par leur individualisme. Tandis que, dans le reste de l'Alsace, le village est constitué par l'agglomération compacte de tous les habitants, le village welche proprement dit ne comprend que des commerçants, des artisans et des fonctionnaires; les cultivateurs demeurent presque tous dans les fermes éparses des montagnes, au milieu de leurs champs et de leurs prés [2].

Les prairies constituent le fond principal de ces domaines ruraux, dont l'exploitation repose surtout sur la production du fromage. De petits murs en pierres sèches entourent les propriétés et bordent les chemins. Presque toutes les maisons ont des toits de chaume. Leurs faces, exposées aux vents pluvieux, sont revêtues de bardeaux. Souvent l'étable se trouve sous le même toit que le logis du propriétaire; bêtes et gens vivent ainsi côte à côte.

Considérations militaires. — Outre les communications d'un versant à l'autre de l'arête médiane qui viennent d'être décrites, les Allemands, évidemment dans le but de pouvoir tourner nos voies importantes, ont amélioré ou créé tout le long de cette arête, c'est-à-dire de la frontière, des chemins forestiers aboutissant à la région des chaumes.

Si le cadre forcément restreint de ce travail ne nous a pas permis

---

[1] A ces deux cantons de langue française, il faut ajouter quelques localités du sud-ouest, savoir :

1° Les villages entièrement welches, où cette langue est exclusivement en usage : Eteimbes (Welschen-Steinbach), Bellemagny (Baronsweiler), Saint-Cosme (Sant Cosman), Bréchaumont (Brückensweiler), Chavannes-sur-l'Etang (Schaffnat-am-Weiher), Valdieu (Gottesthal), Lotran (Luttern), Romagny (Willern), Montreux-Jeune et Montreux-Vieux (Jung et Alt-Münsterol), Magny (Menglatt) ;

2° Les communes mixtes, où les populations d'origine gallo-romaine et de souche germanique se rencontrent et où les deux langues sont parlées à la fois : Bretten, Courtavon (Ottendorf), Oberlarg, Levoncourt (Luffendorf), et Lucelle (Lützel).

[2] Cette organisation communale rappelle l'individualisme gallo-romain, en opposition avec l'esprit d'association germanique.

d'en faire l'énumération[1], il nous paraît utile d'en parler d'une façon générale, d'autant qu'en se plaçant au point de vue d'une offensive vers l'Alsace il y aurait, pour les mêmes raisons devenues nôtres, un réel avantage à ce que ces débouchés fussent raccordés au réseau routier français par des chemins correspondants s'arrêtant également à la limite des chaumes[2].

Sur le versant alsacien, les communications, routes, chemins et sentiers sont si nombreux que la surveillance en sera fort difficile, et il est probable que les bataillons de chasseurs allemands, chargés, au début de la campagne, de défendre les têtes des vallées, se borneront à grouper des fractions importantes vers les passages principaux, faisant occuper par leurs réserves, de manière à se garantir du danger d'être coupés, les points situés en arrière ou sur les flancs, où les chemins latéraux viennent aboutir.

Ils auront, d'ailleurs, coupé la plupart des voies d'accès importantes des vallées au moyen de tranchées, de barricades, de roches roulées aux endroits où celles-ci surplombent; des ponts auront été détruits; le sortie Est du tunnel de Bussang et l'une des extrémités du tunnel du Kruppenfels (à 800 mètres à l'est du col de la Schlucht), auront été obstruées par effondrement, etc.

Malgré cela il restera toujours assez de communications latérales ouvertes pour permettre de tourner et, par conséquent, de faire tomber les positions des têtes de vallée, car ce serait folie de les attaquer de front. L'important sera d'agir avec rapidité et de ne pas craindre de basarder quelque chose en portant, par un mouvement excentrique, des troupes sur les flancs ou les derrières des défenseurs.

Si la connaissance du pays donne au défenseur un immense avantage et si les chasseurs allemands peuvent avoir à cet égard une supériorité sur les troupes françaises, celle-ci est compensée par les nombreux guides de bonne volonté, marcaires, bergers,

---

[1] Nous entrerons dans de plus amples détails au sujet des voies de communication dans un travail sur *Les Vosges dans l'offensive et dans la défensive*, qui suivra prochainement celui-ci.

[2] Si, au contraire, les Vosges françaises étaient appelées à un rôle exclusivement défensif, il faudrait s'abstenir de multiplier les voies de communication, pour ne pas rendre encore plus difficile et plus complexe une défense que fera déjà suffisamment laborieuse la configuration du sol.

bûcherons, etc., encore bien plus familiarisés avec la contrée et qui s'offriront aux détachements pour les conduire[1].

Les différents massifs sous-vosgiens que nous avons examinés paraissent, à première vue, d'un parcours très difficile et leurs communications semblent précaires. Cependant, si l'on songe que notre artillerie de campagne passe, pour ainsi dire, partout où elle dispose d'une voie de $1^m,60$; que les régions supérieures sont très souvent en chaumes, c'est-à-dire découvertes; enfin, que les chemins forestiers qui les sillonnent en tous sens sont praticables aux charrois pendant la bonne saison, on ne voit de réellement difficile que le Rossberg, tant à cause de l'absence complète de chemins carrossables d'un versant à l'autre que parce qu'il est couvert de la base à la ligne de faite d'une épaisse forêt. Néanmoins l'infanterie, avec laquelle, en somme, se fait principalement la guerre de montagne, peut y circuler dans tous les sens.

La défense occupera fortement l'embranchement, les points de convergence des vallées supérieures, en raison des nombreux avantages tactiques que procure l'occupation de ces points, savoir :

Dans la vallée de la Thür, Felleringen; dans celle de la Fecht, Munster; dans celle de la Weiss, Hachimette, et dans celle de la Lièpvrette, Sainte-Marie-aux-Mines.

Nous négligeons à dessein la vallée de la Doller, d'une utilité tout à fait accessoire dans l'hypothèse présente.

Dans la vallée de la Thür, dont l'importance stratégique nous paraît supérieure à celle de toutes les autres vallées vosgiennes, tant en raison du nombre de ses communications avec la crête qu'à cause du peu de distance de la frontière française de son débouché, le point de Felleringen sera l'objet d'une occupation défensive sérieuse. Nous ne le supposons cependant pas devoir être le centre même de la résistance; nous pensons que le défenseur repoussé de la région faîtière, se contentera de couvrir Wesserling, terminus du chemin de fer de la vallée, en occupant solidement Felleringen, et prendra une position de flanc sur les

[1] Les Allemands s'attendent si bien à ce concours de la population, qu'un projet de loi sur l'état de siège en Alsace-Lorraine est présenté en ce moment au Reichstag. La nouvelle loi soumettra en cas de guerre le Reichsland à un régime de terreur, et la population entière deviendra justiciable des cours martiales.

chaumes de la ferme du Steinlebach, au nord de Wesserling, avec l'éperon s'étendant au sud de la marcairerie de Treh, comme avancée.

L'importante position du Steinlebach, dont l'occupation met une troupe française dans l'impossibilité de s'engager dans la vallée de Saint-Amarin, réunit plusieurs avantages au point de la défense : accès relativement facile pour l'artillerie, à l'ouest, au sud et à l'est ; excellente position de batterie sur l'éperon de Treh, au-dessus de Felleringen et de Wesserling ; des chaumes de Treh et du Steinlebach, vues sur les deux vallées ; communications assurées sur les derrières, avec la vallée de la Lauch ; flanc gauche bien appuyé ; flanc droit ne pouvant être tourné que très difficilement et au prix d'un mouvement très excentrique, etc.

Les forces allemandes occupant la position du Steinlebach et le massif du ballon de Guebwiller, pourraient tenir des troupes françaises en échec jusqu'à l'arrivée au débouché de la vallée de la Thür d'une colonne venue de Belfort ; elles feraient alors très certainement une retraite latérale par la vallée de la Lauch et la route de la Lauch à la Fecht par Lautenbach, Soultzmatt et Osenbach, retardant par des démonstrations sur son flanc gauche, et probablement l'occupation de la position du Bollenberg, la marche de cette colonne sur Colmar.

D'une manière général, l'offensive française devrait s'exécuter avec une véritable soudaineté, afin de ne pas laisser aux secours le temps d'arriver par la voie ferrée remontant chaque vallée ; la marche devrait s'effectuer, dans chaque vallée, les ailes en avant ; les mouvements généraux devraient être coordonnés en vue de l'enlèvement rapide des hauteurs et de manière à tourner les centres de résistance, en ayant grand soin de laisser les chefs des petites unités, bataillons et compagnies, opérer avec la plus entière initiative dans le détail, en vue du but commun. Nous ajouterons, du reste, que les chasseurs allemands, presque tous élèves gardes-forestiers, sont des hommes vigoureux, adroits et intelligents, ayant vécu dans la forêt et dans la montagne avant leur entrée au service ; qu'avec des gens de cette valeur, les actions de détail ne peuvent avoir rien de méthodique ; qu'un génie inventif et rusé, l'activité, la résolution et l'audace poussée jusqu'à la témérité sont les seuls moyens d'arriver rapidement à un résultat : « Nulle part l'audace ne fait plus de prodiges que dans les pays coupés et surtout dans les montagnes. » (Archiduc CHARLES.)

Les quatre bataillons de chasseurs chargés spécialement de la défense des vallées de la haute Alsace, font partie du XIVe corps d'armée mais ne sont pas endivisionnés ; ce sont les bataillons nos 8, 4, 10 et 14. Le premier est en garnison à Schlestadt, les trois autres à Colmar. Au 1er octobre prochain, le 8e serait transféré à Sainte-Marie-aux-Mines, le 4e à Munster, le 10e à Saint-Amarin et le 14e à Altkirch. Les trois bataillons de Colmar seraient remplacés à la même date par le 27e régiment d'infanterie venant de Magdebourg.

Les chasseurs passent la plus grande partie de la bonne saison dans les Vosges ; en hiver même ils y font quelques manœuvres. Ainsi, durant l'hiver de 1891-92, les quatre bataillons ont exécuté, séparément, des marches dans les vallées, et des groupes de quelques hommes, munis de patins norvégiens, flanquaient les colonnes sur les versants par les chemins et les sentiers couverts de neige.

Pendant l'été de 1891, les quatre bataillons ont exécuté, les uns contre les autres, des opérations de vallées à double action, au cours desquelles ils ont eu à franchir les différents massifs de séparation. Une batterie montée du groupe du 30e régiment d'artillerie en garnison à Neuf-Brisach, était répartie par sections dans les différents partis, suivant les besoins de la situation, et à chaque bataillon étaient affectés quelques dragons. Deux bataillons du 112e régiment d'infanterie (Mulhouse) ont également pris part à ces manœuvres dans la vallée de la Lauch et le cirque de Wintzfelden.

CINQUIÈME ZONE.

Description générale. — Notre cinquième zone comprendra la plaine formée par les alluvions du Rhin et de l'Ill. Nous la limiterons, à l'ouest et au sud-ouest, par la route nationale de Belfort—Colmar, la forêt du Nonnenbruch, la partie montagneuse du Sundgau jusqu'à Huningue ; à l'est, par le Rhin ; enfin au nord, par la basse Alsace.

La plaine d'Alsace proprement dite mesure, dans sa plus grande largeur, de Cernay à Ottmarsheim, 28 kilomètres contre

20 à la latitude de Colmar et à celle de Strasbourg. A l'exception de la bande de terrain située à l'ouest de l'Ill, la partie de la plaine comprise entre Huningue, Mulhouse et la route de Colmar à Neuf-Brisach prend le nom de *Hart* ; au nord de cette route, la plaine est appelée *Ried*.

La Hart est considérée par les habitants comme une véritable division géographique. Elle a été primitivement boisée dans toute son étendue ; les parties en culture proviennent des défrichements que les seigneurs autorisaient autrefois, moyennant une faible redevance annuelle.

Les alluvions du Rhin sont arides, le gravier empiète trop sur la terre végétale; aussi la culture y est-elle pénible et le rendement médiocre. Celles de l'Ill, au contraire, sont d'une productivité merveilleuse. Les puissants dépôts de limon qui longent cette rivière rendent les cultures arables prospères, au point d'en faire un grenier d'abondance. Aussi les cantons riverains de l'Ill ont-ils, à surface égale, une population double des cantons de la zone du Rhin.

Au delà de Mulhouse, l'industrie manufacturière est peu développée. Des coteaux vosgiens au Rhin, le nombre des habitants diminue directement avec la qualité du sol. La plaine, sans accident qui interrompe l'uniformité de sa surface, n'ouvre pas aux regards de vastes horizons. Des massifs boisés se dressent de distance en distance entre les villages ou le long des cours d'eau. Au mois d'août, une fois la moisson faite, par les journées ensoleillées, les villages de la partie de la Hart longeant le Rhin, ressemblent à des ksour sahariens, tellement le sol se calcine et se dépouille de toute végétation sous l'effet de la sécheresse.

La moitié environ des habitations villageoises sont bâties en maçonnerie, les autres n'ont en maçonnerie qu'un mur de soubassement plus ou moins élevé au-dessus des fondations et sur lequel est édifiée une charpente de bois, dont les intervalles sont garnis de briques cuites ou de torchis de terre glaise pétrie avec de la paille hachée. Elles sont généralement à un étage ; celles des localités avoisinant le Rhin n'ont souvent qu'un rez-de-chaussée.

Les villages sont entourés de vergers ou de jardins d'une faible étendue, enclos de haies; l'enceinte extérieure est, par suite, très-rapprochée des maisons. Dans la zone longeant le Rhin, les jardins et les vergers sont séparés par des murs de clôture en gros galets, disposés par assises horizontales; on emploie, d'ailleurs, ces galets dans toutes les constructions, faute d'autres matériaux.

La mairie et l'église sont toujours en très bonne maçonnerie.

Malgré la pauvreté relative de la zone bordière du Rhin, la plaine offre aux troupes en opérations des ressources presque inépuisables, qu'il serait superflu d'énumérer tant elles sont variées. La région est très riche en chevaux; elle en possède à peu près 21,000[1], dont une partie, le quart environ, disparaîtra par la réquisition.

Des bois communaux assez nombreux avoisinent l'Ill à partir de la forêt du Nonnenbruch, que nous avons décrite, jusqu'à la limite du département, et prennent généralement les noms des communes auxquelles ils appartiennent. Ce sont tous des taillis d'une très belle venue, ils sont plus ou moins bien aménagés, difficiles à parcourir et, en général, marécageux.

Dans la plaine, au delà des rives de l'Ill, sont échelonnées des forêts que séparent les unes des autres des intervalles cultivés; ces forêts sont autant de restes de l'ancienne Hart dont le nom est resté à l'ensemble, chacune d'elles ayant reçu un nom particulier ou celui d'une localité avoisinante.

Les essences dominantes de ces forêts, y compris la grande Hart, sont le chêne et le charme. La demi-futaie, qui seule est possible étant donné la mauvaise qualité du sol, tend à disparaître pour faire place au taillis simple. Les taillis ne dépassent pas 8 à 10 mètres. Dans les futaies sur taillis voisines du Rhin, les baliveaux sont en général chétifs, car la maigreur du sol ne leur donne pas une nourriture suffisante pour prospérer et vivre longtemps; en outre, arrivés à un certain âge, leurs racines sont arrêtées par des cailloux réunis en un poudingue compact où la terre végétale manque. En plusieurs endroits de la grande forêt de la Hart, notamment, le taillis est affreusement maigre et se résume parfois à un simple fourré de broussailles. Quant aux parties défrichées dans ce siècle, elles n'offrent qu'un sol desséché, appelé dans le pays *dürre Hart*.

---

[1] Au dernier recensement.

En dehors de la grande forêt de la Hart, qui mérite une mention spéciale à cause de son étendue et de son importance militaire, nous citerons :

Au nord de la forêt du Nonnenbruch, entre Staffelfelden et Ungersheim, une grande bande boisée très médiocrement aménagée ;

Entre Pulversheim et Rülisheim, le bois peu praticable de cette commune ;

Les taillis qui longent l'Ill et la Thür ; ils sont plus ou moins marécageux et, en général, d'un parcours très difficile ;

Au sud-ouest du nœud de routes de Hirzfelden, la forêt du Rothleiblen, qui est bien aménagée et très praticable dans toutes les directions ;

Au sud-ouest de Neuf-Brisach, la forêt de Dessenheim, également aménagée mais moins praticable que la précédente ;

A l'ouest de Neuf-Brisach, et prolongée au nord par le Mittel-Wald, la forêt du Kasten-Wald, dans laquelle se trouvait en 1870 le parc de siège du corps d'investissement de Neuf-Brisach. C'est un taillis sous futaie assez fourré, d'une belle venue. Trois voies la traversent de l'ouest à l'est ; ce sont : la route de Colmar à Neuf-Brisach, le chemin de fer de Colmar à Fribourg et le chemin vicinal d'Appenwihr à Wolfganzen. La forêt est très bien aménagée ; de nombreuses laies forestières, grandes et petites, la traversent dans tous les sens et en rendent le parcours assez facile.

Hart. — La grande forêt de la Hart borde les terres alluviales du Rhin sur une longueur de 30 kilomètres environ, entre le village de Blodelsheim et le chemin vicinal de Siérentz à la route nationale de Bâle à Strasbourg ; sa largeur varie de 2 à 10 kilomètres. Comme nous l'avons déjà dit, la forêt n'est, en plusieurs endroits, qu'un maigre taillis ou même qu'un fourré de broussailles, le sol caillouteux ne pouvant fournir aux arbres une sève assez abondante ; aussi ses chênaies et ses charmilles sont-elles assez mal tenues. Les clairières sont très nombreuses dans l'intérieur.

La forêt de la Hart est traversée par :

a) *Direction générale ouest-est :*

1° Huit routes classées et entretenues ayant au minimum 6 mètres de largeur entre fossés ;

2° Cinq grandes laies sommières rendues praticables à l'artillerie de campagne en toute saison, par la nature caillouteuse du sol;

3° Chemin de fer de l'île Napoléon au Rhin (Mulhouse—Müllheim);

4° Canal de Huningue qui, à hauteur de Hombourg, s'infléchit vers le sud, et son chemin de halage.

b) *Direction générale nord-sud :*

1° Le long de la moitié nord de la lisière ouest, canal du Rhône au Rhin et chemin de halage;

2° De Münchhausen au chemin vicinal de Sierentz à la route nationale de Bâle à Strasbourg, grande laie sommière de 8 mètres de large avec une chaussée empierrée de 3 mètres de largeur au milieu;

3° De Blodelsheim au pont du canal de Huningue, que franchit la route départementale de Mulhouse à Ottmarsheim, laie sommière de 6 mètres de large, praticable à l'artillerie en toute saison;

4° Laies de coupes extrêmement nombreuses, praticables à l'infanterie;

5° Enfin, le long de la lisière est, route nationale de Bâle à Strasbourg et Spire.

Cours d'eau. — La plaine de la Hart n'est arrosée, de l'est à l'ouest, par aucun cours d'eau; de maigres ruisseaux se remplissent en hiver d'eau de pluie, que la perméabilité du sol fait rapidement disparaître. L'Ill et le Rhin seuls la longent du sud au nord.

L'Ill. — En entrant dans la plaine, sortant du Sundgau, l'Ill élargit son lit. Son cours devient très irrégulier, et le volume de ses eaux, grossies par tous les cours d'eau descendus des Vosges, devient parfois énorme. Alors, son lit n'étant pas suffisamment creusé, la rivière se déplace, se fraie, redoutable, un chemin n'importe où, ravageant des contrées entières. Ses inondations sont très fréquentes, malgré les endiguements et les canaux de dérivation. *Die Ell geht wo sie well :* l'Ill va où elle veut; tel est le dicton local.

L'Ill a causé plusieurs fois de tels dégâts par ses inondations subites qu'on s'est décidé à faire des travaux considérables d'endiguement et autres, pour emprisonner ses eaux. A Mulhouse, notamment, il a été creusé un canal de dérivation qui rejette le trop-plein des eaux de son lit dans un ravin voisin, où passe la Doller, endiguée elle-même. Partout où le terrain environnant est bas, on a construit des digues en terre dépassant de 50 centimètres le niveau des plus hautes eaux ; en même temps les rives, habituellement rongées par les eaux, ont été protégées par des enrochements ou des clayonnages.

L'Ill n'est guéable partout qu'en été; en temps de pluie ou de crue, les ponts sont les seuls moyens de passage.

Depuis le confluent de la Doller jusqu'à sa sortie de la haute Alsace, l'Ill a une longueur de 60 kilomètres. A partir du Ladhof, en aval de Colmar, elle est navigable. Dans ce parcours elle reçoit, à gauche seulement, puisqu'il n'existe pas de cours d'eau dans la plaine de la Hart :

1° La Doller, au nord de Mulhouse ;

2° La Thür, en aval d'Ensisheim ;

3° La vieille Thür, dans laquelle s'est jetée au préalable la Lauch, à l'est et près de Colmar ;

4° La Fecht, à Illhaüsern ;

5° Le Giesen.

Tous ces cours d'eau, dès qu'ils ont gagné la plaine, redressent vers le nord leur direction primitive ouest-est, jusqu'à leur confluent avec l'Ill, qui les empêche ainsi d'aller directement au Rhin et, par suite, de former des obstacles continus, barrant la plaine entre la montagne et le Rhin.

Le Rhin. — Le Rhin pénètre dans la haute Alsace par l'étranglement que forme à Bâle la rencontre de deux contreforts du Jura et de la forêt Noire. De chacun de ces deux contreforts, se détache vers le nord une terrasse de gravier et de marne. Celle de la rive gauche part de Saint-Louis et va, s'abaissant graduellement, jusqu'au fort Mortier, près de Neuf-Brisach, côtoyant le fleuve à des distances variables. A son origine, à Saint-Louis, elle a un relief de 12 à 13 mètres au-dessus de l'étiage. Les villages que l'on rencontre sur la rive gauche du Rhin, dans la zone considérée, sont bâtis sur cette terrasse; elle constitue pour ceux-ci une plate-forme naturelle dominant la plaine submersible et exposée jadis, avant la correction du fleuve, aux inondations. La route de Bâle à Neuf-Brisach, qui remonte à l'époque romaine, suit cette terrasse par les villages de Hombourg, d'Ottmarsheim, etc... Une terrasse semblable court le long de la rive badoise, présentant le même caractère.

Le débit des eaux du Rhin est en moyenne de 800 mètres cubes par seconde à Bâle ; en temps de crue, ce débit peut y atteindre 3,000 mètres cubes, et de 5,000 à 6,000 à Kehl[1].

La vitesse du courant est tellement forte, à hauteur de Bâle, que le fleuve transporte des cailloux du poids de 25 kilogrammes.

« Sur les points où le thalweg, ou la ligne de plus grande pente du courant touche les rives, la profondeur se maintient pendant toute l'année à 6 mètres au moins au-dessous du zéro des fluviomètres (niveau des plus basses eaux observées). Sur les seuils intermédiaires des bancs de gravier, la hauteur d'eau se réduit à moins de 1 mètre, et descend au-dessous du zéro. Pendant l'hiver, les pontons de Kehl et de Brisach reposent souvent sur le gravier au lieu de flotter. Chaque année, l'administration des travaux du Rhin fait relever la position des bancs et sonder la profondeur des seuils. Au mois de janvier 1874, ces sondages ont donné un minimum de 0m,80 près de Drusenheim ; ceux du mois d'avril de la même année, 0m,61 aux environs de Seltz ; les points de moindre profondeur au passage des seuils opposeront de sérieuses difficultés à la navigation aussi longtemps que le lit ne sera pas déblayé sur le parcours de l'Alsace, où la pente moyenne du lit atteint 0m,63 par kilomètre[2]. »

Le cours du Rhin proprement dit a été régularisé par le redressement du thalweg dans un lit artificiel maintenu par deux digues en maçonnerie. Ces digues sont espacées de 200 mètres l'une de l'autre dans la haute Alsace, et de 250 mètres au delà de Rhinau. D'autres digues en terre, consolidées aux endroits ordinairement érodés par des clayonnages et des saucissonnages, enlacent une plaine unie d'une largeur variant de 3 à 6 kilomètres, dans laquelle le Rhin se répand en temps de crue. Ces

---

[1] Mittheilungen über die Stromverhältnisse des Rheins—Strassburg, 1886.
[2] Charles Grad, *Hydrographie du Rhin.*

digues, qui sont appelées digues de hautes eaux, se tiennent à distance des terrasses naturelles dont nous avons parlé. Sans ces travaux, les débordements des grandes eaux détermineraient encore des changements de cours. C'est, d'ailleurs, pour cette raison que, dans l'Antiquité et dans le Moyen-Age, le passage du fleuve était si difficile; elle explique la grande importance stratégique des lieux de passage facile, où l'eau du fleuve se resserre en un seul canal. Dans l'espace compris entre les digues des hautes eaux, courent, en méandres longs et tortueux, remplis plus ou moins par des eaux infiltrées, les lits des anciens bras du Rhin, formant autant de marécages et de fondrières dangereuses.

En forçant le fleuve à approfondir constamment son lit, les digues de correction finiront tôt ou tard par le changer en un canal uniforme, dont la largeur, les courbes et les oscillations seront toutes calculées d'avance.

Les bras du Rhin sont, pour la plupart, soumis au colmatage ; d'autres s'assèchent ou s'oblitèrent naturellement, et les îles tendent, par suite, à se réunir et grandissent d'année en année.

Les îles sont, en général, boisées ; quelques-unes ne sont que de simples bancs de gravier sans végétation, souvent recouverts par les hautes eaux. Tout le long du fleuve court une zone littorale très giboyeuse, mais malsaine, couverte de forêts, de fourrés, de terres de culture, et de prairies palustres.

Les digues des hautes eaux forment d'excellents chemins carrossables, mais sur lesquels il n'est permis aux voitures de circuler qu'avec une autorisation spéciale et pour le service de la navigation seulement.

Des maisons de gardes de pont et de digue sont échelonnées tout le long du fleuve. Une ligne télégraphique a été installée le long du Rhin par l'administration, pour assurer le service des avertissements en temps de crue ou de hautes eaux. Les gardes de pont communiquent entre eux au moyen d'un téléphone ; une ligne téléphonique les relie également à l'ingénieur en chef à Colmar.

On rencontre de distance en distance, sur la rive gauche, d'anciennes redoutes carrées à terre coulante, encore en suffisant état aujourd'hui; ces ouvrages ont été construits en 1815 par les troupes de l'armée du Rhin et le 1er corps d'observation; savoir :

2 à Rumersheim, dont l'un à hauteur, l'autre un peu en amont du village ;

1 en aval de Nambsheim ;

1 en amont et 3 en aval de Geiswasser ;

2 en amont de Vogelgrün ;

1 à Biesheim ;

1 à Balzenheim ;

1 en face du village badois de Saaspach.

Les moyens de passage du Rhin sont :

1° Les trois ponts de chemin de fer de Huningue, de Neuenburg-Chalampé et de Vieux-Brisach ;

2° Les ponts de bateaux de Huningue, de Neuenburg-Chalampé, de Vieux-Brisach et de Saaspach ;

3° Les bacs à traille de Rosenau—Kirschen, de Niffer—Rheinweiler, et les bacs proprement dits de Kembs—Klein-Kembs, de Petit-Landau—Bellingen, de Nambsheim—Hartheim, et d'Arzenheim—Ichtingen.

Les trois ponts de chemin de fer précités sont à une seule voie, enfermée dans une cage à treillis. Les piles sont organisées pour recevoir une deuxième travée. Celle-ci serait posée à la mobilisation pour la création d'une passerelle latérale pour les piétons.

Le pont de Huningue repose sur quatre piles en maçonnerie, dont les deuxième et quatrième, vers la rive gauche, sont pourvues de chambres de mine reliées à la rive droite par un fil électrique. Chaque pile de rive est surmontée de deux tours défensives. Du côté de la rive gauche, le pont est prolongé par deux travées de 33 mètres chacune, dont l'une est défendue par deux autres tours plus petites et par des portes en fer.

Les ponts de Neuenburg et de Vieux-Brisach reposent sur deux piles également en maçonnerie ; la portée des travées est de 70 mètres. Les culées des deux rives supportent aussi deux tours défensives. Dans le premier, ce sont les piles qui sont minées ; dans le second, ce sont les culées.

Toutes ces tours sont en pierres de grand appareil ; leur forme est octogonale et leur diamètre extérieur d'environ 7 mètres ; elles sont crénelées, et dans chaque face extérieure au pont, à mi-hauteur, est ménagée une embrasure destinée à recevoir une mitrailleuse. Ces tours ont pour but d'assurer la destruction éventuelle des ponts, même en présence de l'ennemi.

Dans les tours de la rive droite se trouvent les magasins à munitions.

Ces trois ponts ont une largeur qui varie de 250 à 300 mètres, et se prolongent de chaque côté des digues de correction.

Les ponts de bâteaux prennent appui sur ces digues ; dans la haute Alsace, ils ont une longueur de 200 mètres, et une largeur de tablier de 5m,70 entre deux garde-fous de 1m,20 de hauteur. Les pontons et le tablier, entièrement en bois, peuvent être facilement incendiés au moyen de brûlots.

Voies de communication. — Routes et Chemins. — a) *Direction générale parallèle au Rhin et aux Vosges :*

1° Chemin de la digue de correction ouest du Rhin, servant de chemin de halage ;

2° Chemin de la digue des hautes eaux ;

3° Route nationale de Bâle à Strasbourg, par Kembs, Ottmarsheim, Blodelsheim, Neuf-Brisach et Markolsheim ;

4° Chemin de halage du canal de Huningue à Mulhouse, et de Mulhouse à Neuf-Brisach et Markolsheim ;

5° Route de Bâle à Colmar et Schlestadt, par Mulhouse, Ensisheim et Sainte-Croix-en-Plaine (Heilig-Kreuz) ;

6° Route de Mulhouse à Guebwiller, par Pulversheim, Bollwiller et Soultz.

b) *Direction générale perpendiculaire :*

1° Route de la vallée de la Thür, du col de Bussang au pont de Neuenburg sur le Rhin, par Saint-Amarin, Thann, forêt du Nonnenbruch, Mulhouse, l'île Napoléon et Banzenheim ;

2° Route de la vallée de la Lauch au pont de Neuenburg, par Soultz, Rädersheim, Ungersheim, Ensisheim, Münchhausen et Rümersheim ;

3° Route de la vallée de la Lauch à Fessenheim, par Isenheim, Merxheim, Meienheim et Hirzfelden ;

4° La route de Roufach à Balgau, par Niederenzen et Rüstenhart ;

5° Route de Hattstatt à Neuf-Brisach, par Herlisheim, Niederhergheim et Weckolsheim ;

6° Route du col de la Schlucht au pont de Vieux-Brisach, par la vallée de la Fecht, Colmar, Andolsheim et Neuf-Brisach ;

7° Route de la vallée de la Weiss, venant des cols du Bonhomme et de Luschbach, au pont de Vieux-Brisach, par Kaysersberg, Hausen, Holzwihr, Munzenheim et Künheim ;

8° Route du col de Sainte-Marie-aux-Mines au pont de bateaux de Saaspach, par la route de Sainte-Marie à Ribeauvillé, Guémar, Illhäusern et Markolsheim.

c) *Direction générale transversale :*

Route de la patte d'oie de l'Ochsenfeld à Neuf-Brisach, par Wittelsheim, Pulversheim, Ensisheim, Hirzfelden et Dessenheim.

Canaux. — 1° *Canal du Rhône au Rhin, de Mulhouse à Neuf-Brisach.* — Ce canal est relié au Rhin par la branche de Huningue. Cette branche part de l'île Napoléon et finit en amont de Huningue. Au nord de Neuf-Brisach, à Künheim, une autre branche se dirige au sud-est, vers le Rhin où elle aboutit en face de Vieux-Brisach ; cette branche sert non seulement pour le flottage des bois de la forêt Noire, mais encore pour l'alimentation du canal. Une troisième branche va d'Arzenheim, près de la limite de la haute et la basse Alsace, à Colmar.

La digue est du canal sert de chemin de halage ; l'autre digue peut servir de chemin de piétons.

25 ponts, dont 23 en maçonnerie, un pont tournant et un pont roulant, permettent de franchir le canal entre Mulhouse et Arzenheim (19 entre Mulhouse et Neuf-Brisach). La branche de Huningue a 11 ponts, dont 6 seulement sont en maçonnerie et 1 en fer, le pont de chemin de fer de l'île Napoléon. Sur la branche de Colmar on compte 10 ponts en maçonnerie.

2° *Canal Vauban.* — Créé par Vauban dans le but d'amener à pied d'œuvre de la vallée de Guebwiller les matériaux nécessaires pour la construction des fortifications de Neuf-Brisach. Il a son origine dans l'Ill, à Ensisheim. Sa largeur est de 4 mètres en moyenne entre les deux chaussées, dont le relief au-dessus de la plaine varie de 1 à 3 mètres. La route de Niederhergheim à Neuf-Brisach suit la chaussée nord jusqu'au village de Weckolsheim. Dix ponts, dont plusieurs sont en bois, le franchissent jusqu'à Neuf-Brisach. Ce canal servira en cas de guerre de conduite des eaux nécessaires pour l'inondation des fossés de Neuf-

Brisach ; il est curé périodiquement par les soins du service du génie de cette place.

Le canal Vauban se continue jusqu'au village de Widensolen, à 6 kilomètres au nord-ouest de Neuf-Brisach, où, cessant d'être endigué, il se perd en partie et donne naissance à un petit affluent de droite de l'Ill, appelé le Blindbach.

Voies ferrées. — a) *Direction générale parallèle à la crête des Vosges et au Rhin :*

Ligne de Bâle à Strasbourg, par Mulhouse et Colmar, — à deux voies, — en chaussée depuis Wittelsheim jusqu'à Eguisheim, avec un relief variant entre 1 et 7 mètres, — ouvrages d'art importants sur le canal du Rhône au Rhin, sur l'Ill, la Doller, la Thür, la Lauch et la Fecht, — nombreux ponts en dessus.

Embranchements : Saint-Louis, sur Léopoldshöhe ; Mulhouse, sur Mullheim et sur Belfort ; Lutterbach, sur Cernay, Bollwiller, et Lautenbach ; Colmar, sur Munster et sur Neuf-Brisach.

Nouvelle ligne projetée[1] : de Rouffach à Montreux-Vieux, par Isenheim et la portion de voie ferrée déjà existante de Cernay au Pont-d'Aspach.

b) *Direction générale perpendiculaire :*

1° De Massevaux à Cernay, — 1 voie, — pont sur la Doller, de 32 mètres de longueur, dont la culée sud, côté de Massevaux, est munie d'un fourneau de mine ;

2° De Wesserling à Cernay, — 1 voie, — deux tunnels, l'un de 33 mètres, l'autre de 27, entre les stations de Willer et de Bitschwiller ; un autre tunnel de 73 mètres, entre Bitschwiller et Thann, avec dispositif de mine, à 27 mètres de l'entrée est ;

3° De Cernay à Lutterbach, sur la ligne Bâle—Strasbourg, — 1 voie, — traverse la forêt du Nonnenbruch.

4° De Mulhouse à Müllheim (grand-duché de Bade), — 1 voie (la chaussée et les ouvrages d'art étant faits pour deux voies, la deuxième peut être posée sans grands travaux), — traverse la forêt de la Hart ;

5° De Bollwiller sur la ligne de Bâle — Strasbourg, à Lautenbach (vallée de la Lauch), — 1 voie, — à la sortie de Gueb-

---

[1] Les études en sont commencées (*Mülhauser Tagblatt*).

willer, près de la gare des marchandises, pont sur la Lauch de 18 mètres, avec corbeaux de fer pour supporter quatre barils de poudre ;

6° De Colmar à Munster (vallée de la Fecht), — avec prolongement jusqu'à Metzeral en cours de construction, — 1 voie ;

7° De Colmar au Rhin et à Vieux-Brisach, — 1 voie, — les terrassements et les ouvrages d'art sont préparés pour la seconde voie, — traverse le Kasten-Wald, — passe sur une ancienne demi-lune de l'enceinte de Neuf-Brisach, où se trouve la halte de ville, — pont tournant en fer sur le canal du Rhône au Rhin, — gare de Neuf-Brisach, à 1 kilomètre de la halte de ville.

Nouvelle ligne projetée : de Saint-Louis à Ferrette, prolongement de la ligne du Danube au Rhin.

Quais militaires. — Mulhouse, deux : l'un de 541 mètres, l'autre de 112 ;

Wittelsheim, au nord de la forêt du Nonnenbruch, 800 mètres ;

Banzenheim, au débouché du pont de Neuenburg, 450 mètres ;

Rouffach, 100 mètres ;

Colmar, deux : l'un de 400 mètres, l'autre de 370 ;

Neuf-Brisach, 800 mètres ;

Bennwihr, 500 mètres ;

Ribeauvillé, 470 mètres.

Tous ces quais sont pourvus de poteaux à lanternes pour l'embarquement ou le débarquement de nuit.

Points de débarquement en pleine voie. — Outre les quais militaires, points de débarquement stratégiques, il existe, en certains endroits de la campagne, des points de débarquement tactiques [1] en pleine voie, constitués par des bandes de terrain non cultivées, de longueurs variables, bordant la ligne.

Nous avons déjà signalé les bandes longeant, pendant son trajet dans la forêt du Nonnenbruch, le chemin de fer de Mulhouse à Cernay. Il en existe sur plusieurs points de la ligne de Müllheim à Mulhouse, en particulier dans la grande forêt de la Hart, près des voies de communication. Sur la ligne de Colmar

---

[1] En Allemagne, il est de plus en plus dans les idées d'utiliser tactiquement les voies ferrées normales ou étroites dans la défense d'une région.

à Neuf-Brisach, on en compte quelques-unes, notamment celle de la station de Sundhofen. Enfin, sur la ligne de Mulhouse à Bâle, à 2,500 mètres au sud de la station de Habsheim, on vient de créer, sous bois, une de ces bandes qui n'a pas moins de 1 kilomètre de longueur.

Toutes ces bandes aboutissent à des voies de communication ordinaires.

Les trains tactiques seraient, sans aucun doute, pourvus du matériel de débarquement nécessaire.

Chemins de fer routiers, à voie étroite :

a) *Existants :*

1° De Mulhouse à Ensisheim, par Sausheim, Baldersheim et Battenheim ;

2° De Mulhouse à Bollwiller par Illzach, Kingersheim, Wittenheim et Pulversheim ;

3° De Colmar à Markolsheim par Horbourg, Wihr-en-Plaine, Bischwihr, Munzenheim, Iebsheim et Grussenheim ;

4° De Colmar à Winzenheim ;

5° De Colmar à La Poutroye par Ingersheim, Ammerschwihr et Kaysersberg ;

6° De Ribeauvillé à Guémar par la station de Ribeauvillé.

b) *Projetés*[1] :

1° De Colmar (Horbourg) à Bollwiller par Andolsheim, Sundhofen, Sainte-Croix-en-Plaine, Meïenheim, Ensisheim et Ungersheim ;

2° De Sigolsheim à Ribeauvillé par Bennwihr, Mittelwihr et Zellenberg.

3° De Ribeauvillé à Schlestadt par Bergheim, Rohrschwihr, Rodern et Saint-Hippolyte ;

4° De La Poutroye à Orbey et Pairis.

Nœuds de route. — Cernay (Ochsenfeld), Mulhouse, Bollwiller, Ensisheim, Hirzfelden, Merxheim, Neuf-Brisach, Munzenheim et Guémar.

Localités importantes. — *Mulhouse*, ville industrielle de 70,000 habitants, offrant des ressources considérables. C'est le

---

[1] Présentés aux délibérations du Landesausschuss.

magasin d'approvisionnement en produits manufacturés et en denrées exotiques de tout le Sundgau et d'une bonne partie de la plaine.

L'Ill traverse Mulhouse en plusieurs bras. Le canal du Rhône au Rhin longe, parallèlement au chemin de fer, toute la partie sud-est de la ville; près de la gare, il s'élargit en un vaste bassin.

La partie ouest de la ville est traversée du sud au nord par un autre canal servant de déversoir à l'Ill dans les grandes eaux, et dont nous avons déjà parlé.

Mulhouse parait appelé à servir d'important point de débarquement ou d'embarquement de troupes. Il existe déjà deux quais militaires, l'un de 541 mètres, l'autre de 112. En outre, on a posé récemment à la gare de la Wanne deux nouvelles voies militaires, ce qui portera le nombre de celles-ci à quatre. Chacune de ces voies est susceptible de contenir 80 wagons, ce qui fait un total de 320 pour l'ensemble.

Mulhouse est le siège du commandement de la 58e brigade d'infanterie; sa garnison permanente se compose :

Du régiment d'infanterie n° 112 (trois bataillons);

Du régiment d'infanterie n° 142 (deux bataillons, un bataillon étant détaché à Neuf-Brisach);

Du régiment de dragons n° 22 (cinq escadrons).

Ensisheim, chef-lieu de canton de de 3,200 habitants, encore entouré d'une partie de ses anciennes fortifications. Il s'y trouve une maison centrale d'arrêt et de détention, occupant les bâtiments d'un ancien couvent; elle a l'aspect d'une véritable citadelle.

Une garnison permanente d'une demi-compagnie est chargée du service de garde de la prison.

Colmar. — Ville paisible, sans commerce et sans industrie sérieuse, de 26,000 habitants, située à 15 kilomètres du Rhin et à 5 du pied des Vosges, en ligne droite. Elle est traversée par la Lauch et par un canal de dérivation de la Fecht, lesquels, après avoir réuni leurs eaux dans la ville, vont se jeter dans l'Ill, près de Horbourg. Un embranchement du canal du Rhône au Rhin vient aboutir à 1 kilomètre de Colmar par un large bassin.

Ancien chef-lieu du département du Haut-Rhin. Colmar a conservé toute l'importance administrative et judiciaire qu'elle avait sous le régime français.

Colmar a un développement de quais militaires assez considérable : au sud de la gare, parallèlement à la ligne Bâle—Strasbourg et à 60 mètres de celle-ci, premier quai de 400 mètres ; à l'ouest, au raccordement des voies de Fribourg et de Munster, deuxième quai de 370 mètres.

Le commandant de la 29e brigade de cavalerie a sa résidence à Colmar.

La garnison comprend :

Régiment de dragons nº 14 ;

Bataillons de chasseurs nºs 4, 10 et 14.

Comme il a été dit plus haut, ces bataillons seraient rapprochés de la frontière le 1er octobre prochain et remplacés par le régiment d'infanterie nº 27, en ce moment à Magdebourg.

Considérations militaires. — La plaine d'Alsace est absolument unie, et en cela elle forme un théâtre d'opération d'une physionomie spéciale : on n'y rencontre non seulement pas de positions, mais pas un tertre, pas une aspérité ayant un commandement sérieux sur les environs. Tout est plat.

Des bois, des cours d'eau (dans la partie à l'ouest de l'Ill seulement), quelques chaussées, la grande forêt de la Hart et les localités, forment les seuls accidents tactiques de la région.

Les bois ont devant eux un champ de tir illimité ; les attaquer de front et chercher à les enlever de vive force, serait tout à fait inutile ; les voies de communications sont si nombreuses et si faciles qu'il serait plus simple d'en faire tomber la défense en les tournant.

Avec les projectiles actuels de l'artillerie de campagne, les villages sont destinés à être réduits rapidement, d'autant plus que l'enceinte extérieure est très rapprochée des maisons et que parfois elle n'existe même pas.

Les cours d'eau (Ill et ses affluents) forment des obstacles plus sérieux, parce que leurs bords sont couverts de petits massifs de bois, que les berges sont souvent élevées, et que des prés marécageux les avoisinent généralement. Ils sont tous guéables en beaucoup d'endroits en été.

Les ponts sont nombreux, quelques-uns sont en bois. Les matériaux ne manquent pas à proximité, dans les villages, pour les réfections.

On rencontre dans la plaine quelques chaussées continues ; ce sont : la voie ferrée de Bâle—Strasbourg, entre Wittelsheim et Colmar, les digues de l'Ill, les chaussées du canal Vauban et celles du canal du Rhône au Rhin.

Les clochers sont d'excellents observatoires, d'où l'on a des vues étendues.

La grande forêt de la Hart est un obstacle très important : elle couvre le pont de chemin de fer de Neuenburg-Chalampé et une partie du cours du Rhin, et permet de manœuvrer à couvert soit dans la direction de Neuf-Brisach, soit dans celle de Huningue. On a du reste, dans cette intention, construit un quai de débarquement de 450 mètres de développement à la station de Banzenheim, sur la lisière est.

Ainsi que nous l'avons vu, de nombreuses voies de communications la sillonnent dans tous les sens et en facilitent la défense. Après avoir occupé Huningue, il serait possible de faire tomber la défense de la Hart en remontant la forêt du sud au nord sur trois colonnes, l'une à droite par la route nationale de Bâle à Strasbourg, qui longe à distance la rive gauche du Rhin ; la deuxième au centre par la grande voie (laie forestière et portions de chemins vicinaux) qui la traversent en son milieu ; enfin, la troisième, à gauche, par la route nationale de Bâle à Mulhouse, et les chaussées du canal du Rhône au Rhin ; la colonne du centre formant échelon en arrière.

En ce qui concerne la surveillance et la défense du Rhin, la ligne à garder, entre Neuf-Brisach et Bâle, est de 50 kilomètres ; l'une et l'autre peuvent être facilement assurées au moyen de postes échelonnés de distance en distance et de petites colonnes mobiles, dont l'infanterie peut être transportée rapidement d'un point à un autre sur des voitures à ridelles, très nombreuses dans le pays. La ligne télégraphique ou la ligne téléphonique — celle qui pourrait être le plus rapidement rétablie — faciliterait cette surveillance et permettrait d'appeler des renforts.

Deux divisions, placées l'une à Mulhouse, l'autre à Colmar, c'est-à-dire aux points de jonction de la ligne ferrée de manœuvre Bâle—Strasbourg et des deux embranchements de Mullheim et de Brisach, permettraient de porter rapidement sur le point de passage choisi par l'ennemi, des troupes suffisantes pour s'y opposer.

Nous avons fait remarquer que l'on rencontrait tout le long du Rhin d'anciens ouvrages à terre coulante. Si ces ouvrages ne peuvent être utilisés dans leur état actuel, ils indiquent tout au moins presque toujours un point ayant un commandement sur les environs ou sur un point dangereux.

Nous ne nous appesantirons pas sur la valeur de l'obstacle que constitue le Rhin avec ses bras et ses îles pris en détail, ce serait l'affaire des groupes chargés de la défense d'utiliser les digues et tous les accidents et couverts locaux. Des tentatives de passage ne peuvent, d'ailleurs, jamais être faites que par des détachements relativement faibles, la proximité des montagnes de la Forêt Noire rendant sur la rive droite les mouvements de fortes colonnes très difficiles.

En effet, de Bâle à Schlingen, 22 kilomètres, les montagnes de la Forêt Noire viennent aboutir au fleuve même. A partir de cette localité, elle s'en éloigne progressivement jusqu'à une distance de 18 kilomètres, aux environs de Fribourg ; encore l'espace compris de ce côté entre le pied des pentes et le fleuve est-il occupé en grande partie par le Tüniberg et le Kaiserstuhl.

Cependant, l'histoire nous démontre que le passage du Rhin peut être effectué sur bien des points, aussi bien d'une rive que de l'autre. Les îles touffues longeant les deux rives, et des simulacres de passage en des points autres que celui choisi, pourront encore favoriser cette opération.

Les points de passage les plus favorables à l'armée allemande, après la destruction des ponts fixes de Huningue et de Müllheim, sont :

1° Au saillant formé par le Rhin entre Märkt et Kirschen, à l'embouchure de la Kander ; — les abords en sont faciles ; de bonnes routes et le chemin de fer y accèdent ; le fleuve y est peu large et la ligne d'opération de la rive gauche en est très rapprochée ;

2° A hauteur du bac de Klein-Kembs, où la rive droite domine la rive gauche ; — les abords sont également faciles ; le fleuve a peu de largeur et renferme des îles sur lesquelles il est possible de s'établir ;

3° A la traille de Rheinweiler ;

4° Au bac de Bellingen. La rive droite est un peu escarpée, et la ligne d'opération de la rive gauche moins proche qu'au point de Klein-Kembs, mais la forêt de la Hart étant plus éloignée, on dispose d'une zone de déploiement qui fait défaut ailleurs ; enfin, on y rencontre peu d'obstacles naturels. Le pont fixe du bras du Rhin de Bellingen et un bon chemin conduisent au fleuve.

Huningue nous paraît un point dangereux, comme débouché de la ligne stratégique du Danube au Rhin, par Sigmaringen, Tuttlingen et Weizen, et de l'excellente ligne de manœuvre de la rive droite constituée par la voie ferrée Fribourg—Bâle. L'occupation immédiate de Huningue s'imposerait pour annihiler la branche Müllheim—Léopoldshöhe de cette ligne de manœuvre et fermer le débouché de la ligne du Danube ; la sécurité du flanc droit serait en partie assurée et l'on se garantirait l'utilisation du chemin de fer de Belfort à Mulhouse.

Enfin, la place de Neuf-Brisach constitue un point d'une grande importance au point de vue d'une défense de la haute Alsace par des troupes allemandes.

Neuf-Brisach. — La petite place de Neuf-Brisach avait été conservée, en 1871, comme tête de pont du chemin de fer de Fribourg à Colmar, dont la construction avait été décidée aussitôt après la guerre. Depuis, elle était, en outre, devenue la place de dépôt de la défense de la haute Alsace. Enfin, un peu négligée jusqu'à ces dernières années, en tant qu'ouvrage de fortification, elle est en voie de devenir une sorte de petit camp retranché, par la construction de trois ouvrages détachés.

Des indices sérieux nous font penser que là ne s'arrêtera pas le développement de l'organisation défensive de ce point de passage du Rhin et que Neuf-Brisach était destiné à devenir une double tête de pont, par la construction, dès la déclaration de guerre, de batteries de position, armées de grosses pièces cuirassés, de l'autre côté du Rhin, sur les hauteurs sud du Kaiserstuhl, entre les villages d'Ihringen et d'Achkaren, Vieux-Brisach devenant un grand dépôt de ravitaillement qui sera défendu lui-même par deux batteries cuirassées.

Quoi qu'il en soit, dans l'état actuel des choses, dont nous nous occupons seul pour le moment, il est hors de doute que le commandant de la place a pour mission de pousser la défense jusqu'à ses dernières limites.

La partie inutile de la population civile doit être évacuée militairement sur Vieux-Brisach et la rive droite du Rhin, dès la déclaration de guerre. Cette population se raréfie, d'ailleurs, de plus en plus ; près de la moitié des maisons sont inhabitées.

Cependant, la garnison ne saurait être nombreuse dans l'état actuel de la place, car les casemates, bondées comme elles le sont en ce moment de vivres et de matériel de toute sorte, ne pourraient offrir un abri à plus de 1200 hommes ; et l'on ne peut compter sur les casernes, vues de très loin dans la plaine, et que l'artillerie démolirait en quelques coups de canon.

L'organisation de la défense subira, d'ailleurs, prochainement de très importantes modifications, sitôt que la construction des trois ouvrages détachés de Biesheim, d'Algolsheim et du Rothgern, sera terminée. Ces ouvrages ont pour but d'achever la fermeture de la tête de pont, c'est-à-dire d'interdire absolument l'accès des ponts par l'intervalle compris entre la place et le Rhin ; la défense sera en situation de recevoir constamment des renforts de la rive droite, et l'investissement complet du noyau ne sera possible qu'après la chute de ces ouvrages.

Ces ouvrages serviront de point d'appui à la défense mobile vers le sud et vers le nord ; vers l'ouest, la défense mobile sera rendue très difficile par la proximité du Kasten-Wald (2,000 mètres environ), sur la lisière duquel l'assaillant peut aisément s'établir, et d'où il peut ouvrir à couvert le feu sur la place [1].

Le fort Mortier, demi-lune située à deux kilomètres au nord-est de Neuf-Brisach, et que l'on avait oubliée lors de la démolition des fortifications de Vieux-Brisach, à qui elle servait de tête de pont sur la rive gauche, n'a aucune importance.

Au sujet de la forteresse elle-même, nous n'entrerons pas dans de grands développements. Elle forme un octogone régulier de 1200 mètres de diamètre, et son tracé est le classique troisième front de Vauban. Nous n'indiquerons que celles des modifications apportées depuis 1871 à l'enceinte, qui touchent à l'organisation défensive.

Les deux grandes poudrières et la plupart des abris à munitions ont été couverts d'une couche de béton de $1^m,50$; les case-

---

[1] Il est plus que probable qu'on déboisera largement de ce côté, afin de ménager à la place la zone de résistance extérieure qui lui fait en ce moment défaut.

mates des tours bastionnées et quelques magasins, d'une couche de 1 mètre seulement.

Tous les pas-de-souris simples ou doubles ont été supprimés, à l'exception des deux doubles qui donnent accès dans les réduits des deux places d'armes rentrantes du chemin couvert de la demi-lune du front porte de Colmar. Le nombre des traverses des remparts a été augmenté. L'artillerie des dehors a été complètement supprimée et ramenée sur les remparts du corps de place.

Un abri voûté a été construit sur la plate-forme de chaque tour bastionnée.

Les embrasures basses de ces tours, ainsi que celles des rentrants de courtine, ont été armées de canons-revolver pour la défense du fossé du corps de place ; des fossés-diamants ont été creusés devant ces embrasures.

Des tambours en maçonnerie percés de créneaux ont été construits à hauteur du chemin couvert, devant les portes d'entrée.

Les parapets d'une demi-lune et d'une contre-garde ont été rasés pour le passage de la voie ferrée. Dans cette contre-garde se trouve la « halte de ville », tandis que la gare proprement dite est située à 1200 mètres environ de l'enceinte, vers le Rhin.

Tout est organisé pour inonder les fossés des dehors seulement, avec une profondeur d'eau de 3 mètres ; des expériences concluantes ont été faites. C'est le canal Vauban qui fournira les eaux nécessaires ; le génie le fait curer périodiquement de Neuf-Brisach jusqu'à Bilzheim sur l'Ill, où il a établi, près de ce village, une prise d'eau. En pratiquant à Oberherghein une brèche dans la digue de droite de l'Ill, une saignée correspondante dans la chaussée du canal et un batardeau en aval de la saignée, on le mettrait à sec et on couperait Neuf-Brisach de la plus grande partie de ses eaux d'inondation.

Il nous faut remarquer, cependant, qu'aux pieds des remparts de Neuf-Brisach, une dérivation, reliant le canal Vauban à celui du Rhône au Rhin, permet de faire passer une certaine quantité d'eau, insuffisante, il est vrai, dans le premier.

Pour mettre Neuf-Brisach dans l'impossibilité absolue d'inonder ses fossés, il suffirait de couper les eaux du canal du Rhône au Rhin : 1° entre Mulhouse et l'île Napoléon ; 2° au delà de cette île, dans la partie sud de la forêt de la Hart, vers Huningue, par exemple. Le sol de la Hart étant très perméable, les eaux se perdent en deux jours par le plafond du canal, ce qui n'a déjà plus lieu aussi rapidement au nord de cette forêt, où la couche de limon est devenue plus épaisse.

Les maçonneries de l'époque de Vauban n'ont pas été modifiées ; elles sont d'une grande solidité, mais résisteraient-elles longtemps aux nouveaux projectiles, surtout avec des parapets en terre de 2^{m},50 d'épaisseur formant bourrage ?

La construction des ouvrages de Biesheim et d'Algolsheim est très avancée ; celle de l'ouvrage du Roth-gern est poussée très activement. Tous les trois seront achevés pour le printemps de 1893.

Ce sont des ouvrages de compagnie d'un très faible relief au-dessus du sol, avec un casernement bétonné, une cour intérieure et un parapet d'infanterie. L'artillerie de chaque ouvrage ne comprendra probablement que quelques canons à tir rapide ; par contre, les intervalles entre les ouvrages seront défendus par des batteries mobiles composées de pièces de gros calibre montées sur des affûts-trucs et transportées par voie ferrée d'un point à un autre.

Le tracé des deux premiers ouvrages est ovale comme celui de nos ouvrages intermédiaires ; le troisième a la forme d'un fer à cheval allongé.

Un chemin stratégique reliant l'ouvrage d'Algolsheim à celui du Roth-gern, vient d'être achevé.

Il est question d'édifier, en outre, un certain nombre de batteries enterrées et de batteries à tir indirect, à l'ouest et au sud-ouest de la place.

Le génie[1] établit sur le Giesen, bras du Rhin parallèle au fleuve, une série de ponts fixes en bois d'une largeur de 4 mètres, pour le passage des chemins et voies ferrées devant relier les différents ouvrages entre eux et ceux-ci aux ponts du Rhin.

Pendant la période de tension politique, le génie jettera un ou deux ponts d'équipage sur le Rhin à proximité des ponts existants. Vieux-Brisach recevra, du reste, incessamment une garnison permanente d'une compagnie du bataillon de pionniers n° 14.

---

[1] En Allemagne, c'est le génie qui a dans ses attributions la construction des moyens de passage des cours d'eau.

La garnison de Neuf-Brisach comprend, pour le moment :

1 bataillon du régiment d'infanterie n° 142, de Mulhouse ;

1 groupe de 3 batteries montées du régiment d'artillerie n° 30, de Rastatt ;

1 compagnie du bataillon d'artillerie de forteresse n° 14, de Rastatt.

Point de passage de Brisach. — C'est à l'importance des ponts de Brisach, où viennent aboutir, outre les deux branches de la ligne Fribourg—Colmar, les voies de communication des principaux débouchés de la Forêt Noire et des Vosges, qu'est due la construction d'ouvrages détachés au sud et au nord de Neuf-Brisach, et non, comme on le répète en France, à l'intention de donner un contre-poids à Belfort, en créant un camp retranché, pivot stratégique ou de manœuvre, dont les Allemands repoussent la doctrine.

Le but de cette place est simplement de couvrir les ponts, d'aider au ravitaillement de la défense de la haute Alsace en ouvrant un dégagement sur la rive gauche, et d'assurer pour un certain temps le débouché aux troupes de la rive droite.

Mais Neuf-Brisach, même agrandi, est dans l'impossibilité d'opposer une résistance de quelque durée, encore moins d'arrêter, nous ne dirons pas une invasion de l'Allemagne du Sud, mais une simple démonstration offensive sérieuse.

Or, une armée française ayant pris pied sur la rive droite, à Brisach, menacerait les vallées de la Dreisam, de l'Elz et de la Kinzig, vallées entièrement ouvertes conduisant à travers la Forêt Noire dans celles du Neckar et du Danube. En outre, cette armée annihilerait tout le réseau ferré traversant ou longeant la Forêt Noire, savoir : 1° la ligne parallèle au Rhin d'Offenburg à Bâle; 2° la Schwarzwalderbahn, Villingen, Hausach, Offenburg; 3° la ligne du Val-d'Enfer de Fribourg-Neustadt, bientôt continuée jusqu'à Donaueschingen; 4° celle du Danube au Rhin par Weizen, Säckingen et Léopoldshöhe. Enfin, cette armée couvrirait ultérieurement de ce côté le corps chargé de compléter l'investissement de Strasbourg par la rive droite.

Toutes ces considérations semblent avoir conduit les Allemands :

1° A assurer, après la chute de Neuf-Brisach, la défense en

arrière du point de passage, en utilisant la prédominance locale de la rive droite sur la rive gauche, c'est-à-dire en organisant défensivement, au moment de la guerre, les deux collines de Vieux-Brisach et de l'Eckartsberg, créant ainsi un ensemble formant double tête de pont avec les ouvrages de Neuf-Brisach ;

2° A reporter, après la perte de la tête de pont, la résistance dans la partie sud du petit massif du Kaiserstuhl et dans le Tüniberg, formant échelons en arrière.

Vieux-Brisach. — Vieux-Brisach, le *Mons Brisiacus* des Romains, petite ville de 3,500 habitants, bâtie sur la rive droite du Rhin, en face et à peu près à 3 kilomètres à vol d'oiseau de Neuf-Brisach, sur un îlot basaltique allongé dominant de 80 mètres la rive gauche, a eu de tout temps une grande importance stratégique, en raison du peu de largeur du fleuve en cet endroit. Cette importance lui avait valu autrefois le titre de « clef de l'Allemagne et sécurité du Saint-Empire ».

La ville est bâtie en amphithéâtre sur les flancs de la hauteur, dont le sommet est formé par une plate-forme sur laquelle s'élève le *Münster*, la cathédrale.

A 300 mètres environ au sud se dresse, isolé, un cône tronqué d'une quarantaine de mètres d'altitude au-dessus du Rhin, appelé l'Eckartsberg, sur lequel on remarque quelques restes de fortifications du Moyen-Age.

La grande route du Rhin à Fribourg passe entre les deux hauteurs ; la voie ferrée tourne l'Eckartsberg par le sud.

Vieux-Brisach est appelé à devenir le grand magasin de dépôt, le centre de ravitaillement des troupes en opération dans la haute Alsace. Des approvisionnements de toute sorte y seront concentrés dès le temps de paix.

Cependant les Allemands, fidèles à leur principe de limiter l'importance de leurs ouvrages aux strictes exigences du but à atteindre, paraissent ne vouloir donner qu'un développement restreint à l'organisation défensive de Vieux-Brisach, son rôle devant très probablement se borner à prévenir la chute entre les mains de l'ennemi, ou la destruction prématurée, du pont du chemin de fer, et à garantir la possibilité de le faire sauter, lorsque l'arrivée de forces considérables enlèvera tout espoir de le conserver.

Dans cet ordre d'idées, la plate-forme de Vieux-Brisach et l'Eckartsberg seront simplement armés chacun d'une batterie de grosses pièces cuirassées et les digues de correction seront organisées défensivement, dès la déclaration de guerre. Quant à la résistance à l'invasion du pays de Bade, elle sera reportée en arrière, dans le massif du Kaiserstuhl et dans le Tüniberg.

Kaiserstuhl et Tüniberg. — Ainsi que nous l'avons déjà fait ressortir, le versant ouest de la Forêt Noire ne se développe pas du sud au nord, parallèlement au Rhin ; vers le milieu de sa longueur, le grand massif méridional est entaillé d'un golfe, au fond duquel se trouve Fribourg. De ce golfe émergent le Kaiserstuhl et le Tüniberg, deux groupes insulaires de hauteurs d'origine volcanique, séparés l'un de l'autre par une dépression où passent le chemin de fer et la route de Colmar à Fribourg.

Le Kaiserstuhl, c'est-à-dire le massif nord, le plus important des deux, est formé de cônes de basalte qui, en se soulevant à l'époque où la plaine environnante était encore un bras de mer, ont redressé en même temps des strates de terrain jurassique. Le Todtenkopf, 557 mètres, en est le point culminant.

Le massif du Kaiserstuhl forme un quadrilatère irrégulier d'une superficie d'environ 100 kilomètres carrés ; une belle vallée le divise, suivant une direction nord-est sud-ouest, en deux parties à peu près égales, dominées chacune par une crête allongée ; il est couvert presque entièrement de vignes, et des chemins carrossables, nombreux et bien entretenus, y rendent la circulation suffisamment aisée.

Des paliers successifs coupent les pentes ouest, sud et sud-est. Dans le fond de ces paliers on remarque des galeries souterraines creusées de main d'homme et servant de remise pour les outils, instruments aratoires, caveaux de vendange, etc.

Les localités de l'intérieur du Kaiserstuhl passent pour être très riches.

C'est dans la partie sud du massif que se reportera la résistance après la chute de Vieux-Brisach. La position de flanc que ce massif occupe par rapport à la ligne de marche vers l'est, empêchera toute opération décisive sur Fribourg avant son enlèvement de haute lutte.

Les troupes allemandes défendront tout d'abord la partie du saillant sud-ouest comprise entre les villages d'Ihringen et d'Achkarren. C'est une sorte de courtine coupée par trois contreforts en saillie, respectivement dominés par le Fohrenberg, le Winckler et le Bömischberg, et formant autant de bastions. C'est une superbe position, dont la valeur est encore augmentée par la disposition des pentes en paliers successifs permettant les feux étagés, par l'existence des galeries souterraines pouvant être utilisées comme magasin à munitions et comme abris-cavernes, et par les voies de communication relativement nombreuses et faciles de l'intérieur. Deux batteries en terre, armées de pièces de gros calibre cuirassées, seront construites dès la déclaration de guerre, l'une au-dessus d'Ihringen, l'autre près d'Achkarren, et des emplacements de batteries éventuelles seront [illegible]aisés dans les intervalles, pour renforcer cette position.

Le saillant enlevé, la défense peut faire face au sud, d'Ihringen à Wasen, bordant la grand'route et la voie ferrée, et y résister pendant un certain temps.

L'autre groupe de hauteurs, appelé le Tüniberg, est moins convulsionné, d'un relief très inférieur et moins facile à défendre que le Kaiserstuhl; cependant, son importance est encore très grande dans l'hypothèse d'une attaque française, car il forme échelon en arrière et à gauche; il met, avec le Kaiserstuhl, la route et la voie ferrée de Vieux-Brisach à Fribourg dans un défilé; enfin, il couvre l'important nœud de voies ferrées de cette dernière localité et la vallée de la Dreisam.

CONSIDÉRATIONS STRATÉGIQUES.

Après avoir étudié par le menu toutes les particularités topographiques de la haute Alsace, il nous a paru intéressant de jeter un coup d'œil sur sa situation stratégique, d'examiner quelle serait, au moment de la mobilisation, sa couverture et de déduire de l'étude du réseau actuel de voies ferrées les corps allemands qui y seront concentrés.

Isolement stratégique de la haute Alsace. — Tandis que la concentration des troupes allemandes en Lorraine résulte tout naturellement d'une disposition des voies de communications due à la configuration du sol, la concentration dans la haute Alsace est forcée de suivre des directions excentriques, car la profondeur longitudinale imprimée à la province par le Rhin et la Forêt-Noire l'éloigne du reste de l'Allemagne; sa partie sud en est même, pour ainsi dire, complètement isolée par le peu de praticabilité de la moitié méridionale de cette chaîne.

Les inconvénients de cet isolement sont en partie atténués par un réseau serré de voies ferrées et par trois ponts fixes sur le Rhin, moyens largement suffisants pour opérer rapidement la concentration de plusieurs corps d'armée sur la rive gauche.

Ses frontières. — Leur valeur défensive. — Le théâtre d'opération de la haute Alsace est limité à l'ouest par les Vosges, au sud par la Suisse, au sud-ouest par la trouée de Belfort.

Vosges. — Les Vosges protègent suffisamment la haute Alsace pour que les Allemands n'aient pas à craindre une diversion isolée venant de l'ouest, le passage de ces montagnes par une armée étant difficile. Les bataillons de chasseurs de la garnison permanente, familiarisés avec le terrain, formeront, dans le haut des vallées, une couverture suffisante contre des groupes isolés ; contre des détachements importants, la ligne ferrée de manœuvre Mulhouse — Schlestadt et la voie ferrée remontant chaque vallée permettent de jeter, en temps opportun, des troupes sur n'importe quel point.

Suisse. — Sa neutralité. — Au sud, la région confinant à la Suisse est naturellement couverte de ce côté par la neutralité de cet état.

La France violera-t-elle cette neutralité ? Son intérêt et ses sympathies le lui défendent. Le sera-t-elle par les autres belligérants ? L'avenir nous l'apprendra.

En tous les cas, quel que soit le parti qui s'y résoudrait, il se créerait inévitablement de très grosses difficultés, soit avec les puissances garantes de cette neutralité, soit avec la Suisse elle-même, bien décidée à se défendre contre toutes les invasions d'où qu'elles viennent. Son armée est, du reste, en mesure de le faire avec une certaine efficacité, car les troupes suisses, nous pouvons l'affirmer pour les avoir vues souvent, pour avoir assisté à leurs grandes manœuvres, les troupes suisses ne forment pas, comme d'aucuns l'ont prétendu, des bandes armées, mais une véritable armée, bien organisée, pourvue de tout, suffisamment commandée, bien entrainée, bien disciplinée. Cette armée[1], opérant sur son terrain, dans ses montagnes, ayant à défendre les vallées étroites, les cols difficilement accessibles, qui sont presque toute la Suisse, est capable de faire de grandes choses.

Et combien d'hommes et de temps ne faudrait-il pas sacrifier pour venir à bout de cette armée de plus de 400,000 combattants ! Car c'est là le premier résultat qu'il faut atteindre avant de pouvoir utiliser les voies de communication à travers les Alpes, Gothard et autres. Encore les Suisses pourraient-ils les mettre hors d'usage en détruisant les ouvrages d'art dont elles sont parsemées et qu'il serait bien difficile de rétablir au cours d'une campagne.

Du reste, la question aura peut-être été résolue sur d'autres théâtres, avant que l'armée suisse ait pu être réduite à l'impuissance.

En ce qui concerne la violation de la neutralité suisse par la France, en vue de se baser sur la ligne Belfort — Schaffouse — Constance, pour faire tomber les lignes successives de défense des Vosges, du Rhin et de la Forêt-Noire, et opérer de là contre l'Allemagne du Sud par les villes forestières et la trouée du Danube, le plan dont cette violation[2] est la conséquence obligée peut paraître séduisant au premier abord ; mais outre que nous serions forcés, aussi bien que, le cas échéant, nos adversaires,

---

[1] Décomposition actuelle de l'armée Suisse, d'après les documents officiels :

Elite	128,499 hommes.
Landwehr	81,104 —
Landsturm	276,161 —
Total	485,764 hommes.

[2] Une brochure récente, due, paraît-il, à la plume d'un officier général de l'armée italienne, le général Marselli, cherche à démontrer que, dans une guerre de l'Allemagne et de l'Italie contre la France, la violation de la neutralité suisse par cette dernière est absolument inévitable, pour lui permettre de se baser sur le Rhin, et qu'elle ne s'en fera aucun scrupule. Mais c'est là une œuvre de tendance dont le but est évidemment d'intimider la Suisse et de l'entrainer dans l'orbite de la Triple alliance.

e passer préalablement sur le corps de l'armée suisse, nous ne ommes point de ceux qui ont l'impudence de nier l'existence 'une nation suisse, sous le prétexte qu'il lui manque « les facurs principaux de nationalité, unité d'origine, fusion des éléents, unité de religion et de langue; » car si les langues sont ifférentes, si les aspects du sol sont multiples, un lien robuste créé dans ce noble coin de l'Europe une patrie durable, celui e la conscience nationale et de la volonté commune élevée par s souvenirs héroïques.

Notre honneur, que nous ne sommes pas encore près de sacrier à une opération qui présenterait tant d'aléa, notre renommée e nation, notre dignité, notre vieille sympathie pour le peuple uisse, tout nous commande de respecter la neutralité de son rritoire.

Bien plus, ce respect est pour nous d'un intérêt primordial, ar si la Triple alliance intimidée s'arrête devant les difficultés e l'entreprise ou les conséquences de la violation, ses combiaisons stratégiques sont gênées à notre avantage, et notre liberté 'action est assurée sur notre frontière du Jura, de Delle à la avoie. Si, au contraire, elle pénètre en Suisse, c'est immédiatenent pour nous, car il nous parait presque inadmissible que la uisse se contente de protester et ne marche pas contre l'envaisseur[1], l'appoint et la coopération de l'armée suisse, alliance orcée sans doute, mais d'une valeur incalculable pour nous et ue l'ennemi aura provoquée.

C'est là un prix qui vaut la peine d'être résolument honnêtes t d'attendre que l'expression concordante de nos sympathies et e nos intérêts se réalise.

Trouée de Belfort. — Si donc l'Alsace est très bien couverte au

---

1 Néanmoins, il se pourrait que pour éviter de compromettre l'indépendance ationale en prenant une part active à la guerre contre l'un des partis, au cas ù l'Allemagne et la France en viendraient aux mains sur son territoire, l'arnée suisse, se jugeant, d'ailleurs, hors d'état de le défendre contre les deux, se etirât du conflit et prit une position d'expectative entre l'Aar, la Limmat t la crête des Alpes, où, sans crainte d'être enveloppée par un ennemi supérieur en nombre, elle pourrait prendre sur le flanc des armées allemande et française une position menaçante.

sud, si elle est suffisamment protégée à l'ouest, elle est, p contre, tout à fait découverte au sud-ouest.

La dépression entre le Jura et les Vosges, qui y correspond que traverse la « voie historique d'invasion », favorise une inc sion française, appuyée sur la place de Belfort et à laquelle ne peut être opposé d'autre barrière que le terrain coupé Sundgau.

Conséquences de l'invasion de la haute Alsace. — Or, Allemands, indépendamment de l'obligation où ils se trouver de couvrir la gauche des armées en opération dans la pa nord des Vosges et en Lorraine, ne veulent pas à tout prix, et pour des raisons non seulement politiques mais surtout moral exposer le Reichsland, « ce coin de veille terre germanique couvré au prix de tant de sang, ce ciment de l'unité allemande à une invasion française, même limitée et temporaire, pour q les sympathies françaises ne s'y donnent pas libre carrière et p éviter d'avoir à y réprimer une insurrection qui, outre des di cultés militaires, serait une éclatante protestation contre l'a nexion et donnerait un démenti historique aux progrès tant van de la germanisation du peuple alsacien.

Sans doute, une invasion française de la haute Alsace n'au que le caractère d'une diversion, mais d'une diversion puissan si elle comprend les quatre corps d'armée en mesure d'y pren part dès les premiers jours de la mobilisation [1], avant l'achè ment de la concentration des corps allemands du sud.

Une diversion de ce genre menacerait directement les États sud, surtout que le passage du Rhin près de la frontière ne p sente aucune difficulté particulière ; elle conduirait, sinon à e effets décisifs, au moins à un effet moral considérable, qui po rait exercer son influence sur les autres champs de bataille.

Donc, pour parer à l'éventualité d'une tentative d'invasi autant que pour couvrir la gauche de la masse principale

---

[1] S'il y a un grand intérêt à ce que tout ce qu'il est possible de savoir la préparation des opérations futures de l'armée allemande soit connu du p grand nombre, il y a un intérêt non moins grand à ne pas se livrer à discussions, à des calculs de nature à pouvoir être d'une utilité quelcon pour nos ennemis.

leurs armées, les Allemands concentreront dans la haute Alsace une armée d'aile forte probablement de trois corps d'armée.

La multiplication et le perfectionnement incessant des voies ferrées de l'Allemagne du sud et de l'Alsace et des moyens de débarquement dérivent, ainsi que nous le verrons plus loin, de la préoccupation de la concentration rapide de cette armée dans le sud de la province.

Couverture permanente. — Afin de pouvoir concentrer cette armée en toute sécurité, des dispositions spéciales ont été prises pour protéger la zone de débarquement et les voies ferrées, tellement rapprochées de la frontière qu'elles seraient exposées, dès le premier jour de la mobilisation, à des coups de main, à des tentatives de destruction de la part de détachements français ; ces dispositions consistent dans une très importante couverture permanente dont on n'a pas cessé de rehausser l'effectif[1].

Cette couverture comprend :

4 bataillons de chasseurs, renforcés au pied de 690 hommes de troupe[2] ;

1 brigade d'infanterie (58e), 6 bataillons renforcés au pied de 681 hommes ;

2 régiments de cavalerie, dont chacun peut mobiliser immédiatement à 150 sabres quatre de ses cinq escadrons ;

1 groupe de 3 batteries montées, attelées à six chevaux et à effectif renforcé.

A ces troupes, il convient d'ajouter, en raison de leur proximité, les deux régiments de la 57e brigade, tenant respectivement garnison à Constance et à Fribourg et devant être dirigés sur

---

[1] Les régiments d'infanterie devant être portés à 4 bataillons si le projet de loi sur le service de deux ans est adopté par le Reichstag, et Mulhouse ne possédant pas de casernement pour ces deux nouveaux bataillons, on créera une nouvelle garnison permanente pour deux bataillons à Huningue, dont on utilisera les bâtiments militaires aujourd'hui loués à des particuliers.

[2] Nous rappelons que les chefs de corps doivent, depuis l'incorporation des recrues jusqu'au 1er février, maintenir constamment leur effectif au taux de l'effectif budgétaire au moyen de l'appel à l'activité, au fur et à mesure des vacances, des hommes de la réserve de remplacement (Nach-Erzatz) les premiers à reprendre dans l'ordre des numéros du tirage au sort, ces hommes étant traités comme s'ils étaient ajournés.

Mulhouse par les ponts de Huningue et de Müllheim, de manière à y débarquer le soir même de la déclaration de guerre et sans attendre leurs réservistes, avec un effectif approximatif de 450 fusils par bataillon [1].

Nous avons indiqué plus haut [2] de quelle manière cette couverture sera vraisemblablement employée au début de la mobilisation :

Chaque bataillon de chasseurs occupera une des quatre vallées Lièpvrette, Weiss, Fecht et Thür.

Les quatre régiments de la 29e division seront concentrés sur le plateau de Galtingen, face au sud-ouest, dans une position centrale, couvrant Mulhouse, prêts à se porter à la rencontre d'un ennemi s'avançant soit par la route d'Altkirch, soit par celle de Cernay, avec deux avant-gardes poussées, l'une en avant du pont d'Aspach pour surveiller le débouché de Belfort, l'autre vers Altkirch pour couvrir les ponts de Huningue, détachant une fraction en avant de Ferrette pour s'opposer à une entreprise venant de Delle contre cette localité, terminus de la voie ferrée. Un bataillon occupera probablement Thann, au débouché de la vallée de la Thür, pour appuyer les chasseurs et assurer la liaison avec eux.

Enfin, en rideau jusque sur la frontière, les 14e et 22e dragons.

Essaiera-t-on de réaliser le rêve de quelques officiers de la garnison de Mulhouse, en tentant au moment même de la déclaration de guerre un vigoureux coup de main sur l'un des forts de la rive gauche de Belfort, Roppe, Bessancourt ou Vézelois? Si l'on nous y savait négligents, oui.

Dès le lendemain de la déclaration de guerre, la brigade de cavalerie de Karlsruhe, 20e et 21e dragons, débarquera, ainsi que nous le verrons plus loin, le long de la ligne Schlestadt—Bâle ; ses escadrons, faute d'une organisation de gardes de voies de communication dans le Reichsland, borderont les voies ferrées, pour en empêcher la destruction par des hommes isolés.

---

[1] Les troupes du XIVe corps doivent se mobiliser en deux échelons, le deuxième échelon comprenant les réservistes, les chevaux et voitures de complément, avec des cadres de conduite de l'armée active.

[2] Voir page 14.

Ajoutons encore que des mesures spéciales seront peut-être prises pour couvrir Mulhouse[1], au sud et au sud-ouest, avec quelques troupes et de l'artillerie de position[2].

Telles sont les mesures qui paraissent devoir être prises au premier moment. Ces mesures seront vraisemblablement complétées dès le lendemain de la déclaration de guerre par l'arrivée de nouvelles troupes de couverture destinées à renforcer la couverture permanente.

Renforcement des troupes de couverture. — Nous avons déjà exprimé la crainte que les Allemands ne notifient la déclaration de guerre à notre gouvernement — si toutefois la guerre est précédée d'une déclaration — que très tard dans la soirée et avant minuit, de manière à gagner une avance sur notre mobili-

---

[1] Il a été question à différentes reprises de l'établissement à Mulhouse d'un camp retranché devant servir de place d'appui à la défense de la haute Alsace ; mais l'extension donnée à la place de Neuf-Brisach rendant inutile ce camp retranché, le projet a été définitivement abandonné.

Dans le même ordre de questions, la presse française signalait tout récemment la construction « décidée et prochaine » d'un fort d'arrêt à Volgensberg (Folgensburg). Les seules positions possibles pour l'établissement d'un fort aux environs de Volgensberg sont : 1° le dos d'âne où se trouve la bifurcation des chemins de Knœringen et de Helfranzkirch, au nord-ouest du prieuré de Saint-Apollinaire, et d'où l'on aperçoit le clocher de Vieux-Ferrette et les villages des bords du Rhin ; 2° la la cote 456 au-dessus du village d'Obermuespach dont l'horizon est le même. Dans quel but les Allemands construiraient-ils ce fort pour barrer la voie ferrée de Saint-Louis à Ferrette qui passera à Volgensberg ? Mais ils ne connaissent et n'appliquent partout que le principe suivant : « La meilleure défense des voies ferrées est une bonne armée de campagne. » Pour couvrir Huningue ? Mais ils ont toujours préféré à notre système de forts ou batteries permanentes très avancés vers la frontière, le système de couverture stratégique par des garnisons permanentes en des points importants ; ils s'appuient en cela sur les raisons suivantes : des troupes de couverture repoussées en un point pendant la mobilisation peuvent aller prendre position à quelques kilomètres en arrière et recommencer la lutte avec des renforts ; tandis que la chute dès le début des hostilités d'un fort trop avancé, tout en pouvant ne compromettre en rien la situation ultérieure, produit toujours un effet moral désastreux. Or, c'est surtout au début d'une guerre qu'il faut éviter tout ce qui pourrait impressionner défavorablement le moral de la population et de l'armée. Nous tenons donc la question de la construction d'un fort à Volgensberg pour un bruit sans fondement.

[2] Neuf-Brisach posséderait un parc mobile de pièces de siège légères prêtes à être attelées et un certain nombre de coupoles Grüson-Schumann. Une partie de ces pièces et de ces coupoles pourraient bien être destinées à l'armement de ces positions.

sation, dont l'ordre ne pourra recevoir un commencement d'exécution pratique que le lendemain matin, alors que les opérations de leur mobilisation auront commencé la veille au soir.

C'est là une éventualité à laquelle, afin de ne pas être prévenus, il faut s'attendre avec un ennemi élevé, en matière de guerre, dans la théorie de « la fin justifie les moyens ». *Caveant consules!*

Il est possible également que, pendant la période de tension politique, un prétexte quelconque ait permis d'appeler un certain nombre de réservistes dans les corps d'armée les plus rapprochés de notre frontière.

Enfin, les Allemands n'attendront sans doute pas la déclaration de guerre pour organiser, dans la mesure que permettra le trafic commercial, leurs lignes ferrées de l'ouest en vue de la concentration et commencer le groupement de leur matériel dans les centres de garnison des troupes de renfort de la couverture.

Et à ce propos, il est utile de rappeler que, dans le but d'assurer le transport, dès le premier jour de la mobilisation, des troupes de couverture, nos voisins ont créé des réserves de wagons et de machines dans certaines grandes gares et dans certaines garnisons de cavalerie et d'artillerie à cheval, comme Mannheim et Karlsruhe, par exemple, en ce qui concerne le XIVe corps.

L'aménagement rapide des wagons est également prévu. Les différentes administrations de chemins de fer doivent faire procéder à cet aménagement pour tous les wagons sans distinction qu'elles ont sous la main, au reçu même de l'ordre de mobilisation et sans autre avertissement.

Aux troupes de la garnison permanente viendront se joindre comme couverture le restant du XIVe corps, les deux brigades de cavalerie du XIIIe et les deux brigades de cavalerie du Ier corps bavarois.

Le XIVe corps [1] se mobilisant en deux échelons, le soir même de la déclaration de guerre, la brigade de cavalerie de Karlsruhe, la plus grande partie de la 28e division et de l'artillerie du

---

[1] Toutes les troupes du XIVe corps sont exercées à mobiliser dès le premier jour et sans attendre leurs compléments.

corps d'armée seront embarquées sans attendre leurs compléments et dirigés par les deux lignes parallèles au Rhin, rive droite et rive gauche, sur la haute Alsace, en utilisant tous les tronçons disponibles, et débarqueront le lendemain à des heures variables suivant l'éloignement des garnisons, aux quais de Wittelsheim[1] de Mulhouse et de Banzenheim.

Les transports exigeront une trentaine de trains, dont une dizaine, chargés en troupes d'infanterie, seront débarqués soit sur les petits quais du trafic ordinaire[2], soit en pleine voie à l'aide des rampes mobiles que chaque train militaire doit réglementairement emporter. Il restera une vingtaine de trains à faire débarquer aux trois stations pourvues de quais militaires, soit sept trains par quai. Le débarquement pourra commencer dans la nuit du premier au deuxième jour[3]. En admettant que chaque train mette en moyenne 3 heures pour débarquer, ce qui est suffisant, le débarquement, étant commencé à 2 heures du matin, sera achevé le deuxième jour à minuit.

D'après ces données, le troisième jour de la mobilisation au matin (deuxième pour nous, si l'artifice prévu plus haut réussit), tout le premier échelon du XIVe corps sera réuni en couverture dans la haute Alsace, prêt à tout événement, avec des compagnies à l'effectif de 110 à 120 hommes, des escadrons de 150 sabres et des batteries à 6 pièces.

Ainsi que nous l'avons dit, les escadrons de la brigade de cavalerie de Karlsruhe seront répartis en surveillance le long des voies ferrées pour empêcher les entreprises des hommes isolés contre les ouvrages d'art[4].

La 28e division sera dirigée sur le plateau de Galfingen, et un régiment entier de la 29e sera probablement alors détaché à

---

[1] Ce quai permet de débarquer simultanément deux trains.

[2] D'après le règlement allemand, il suffit à un train d'infanterie d'un quai de 30 à 40 mètres de longueur pour le débarquement des chevaux et voitures ; les hommes débarquent à pleine voie.

[3] Tous les quais militaires sont pourvus de poteaux fixes à lanterne pour s embarquements de nuit.

[4] Une centaine de dragons de cette brigade, dont tous les hommes sont badois et parlent un dialecte semblable au dialecte alsacien, sont appelés à renforcer les brigades de gendarmerie chargées de la surveillance de la population.

Ferrette pour couvrir le chemin de fer[1] et les ponts de Huningue.

Le deuxième échelon du XIVe corps rejoindra probablement entre la matinée du sixième jour et le soir du huitième.

En sorte que, non seulement ce corps servira de couverture pendant la période de mobilisation et de concentration des autres corps d'armée, mais, se trouvant sur la ligne de transport Dresde — Wurzbourg — Saverne, il dégagera cette ligne au IIe corps bavarois et à une partie du XIIe.

Pourront encore débarquer à partir de la matinée du troisième jour :

1° Les deux brigades de cavalerie du Ier corps bavarois, la première, brigade de grosse cavalerie, et deux groupes de deux batteries à cheval, à Mulhouse, amenés par la ligne du Danube au Rhin; la deuxième, brigade de chevau-légers, à Banzenheim, par la ligne de la Forêt-Noire;

2° Les deux brigades de cavalerie du XIIIe corps, 26e et 27e, et deux groupes de deux batteries à cheval, par la ligne de Strasbourg à Bâle, aux quais de Schlestadt, Rappoltsweiler (Ribeauvillé), Bennwihr et Colmar.

Donc, le quatrième jour au matin, les troupes de couverture pourront comprendre 12 régiments de cavalerie, 8 régiments d'infanterie, 4 bataillons de chasseurs et 24 batteries.

Dès le troisième jour commenceront probablement les transports de mobilisation de la place de Neuf-Brisach et ceux des approvisionnements destinés :

1° A la constitution d'un magasin de rassemblement administratif (Sammel-Magazin) à Fribourg;

2° A la création de deux magasins de distribution (Ausgabe-Feld-Magazin) à Vieux-Brisach (sera déjà constitué en partie dès le temps de paix) et à Müllheim, sur la rive droite du Rhin, une partie des approvisionnements étant logés dans les gares et dans des locaux dont la réquisition est prête, l'autre dans les grandes tentes réglementaires du service des subsistances (Entladezelte)[2].

---

[1] L'importance de Ferrette augmentera avec la construction du tronçon Saint-Louis — Ferrette, dont les jalonnements sont en cours d'exécution, les travaux devant commencer au printemps prochain.

[2] Il existe, en outre, dans la haute Alsace deux *Proviant-Aemter,* magasins

Il y a tout lieu de supposer que toutes les troupes de couverture, de la frontière suisse au Luxembourg, seront placées, jusqu'à l'arrivée du généralissime, sous le commandement supérieur du grand-duc de Bade, chef de la 5e inspection d'armée[1], afin de coordonner leur action et de centraliser les renseignements qu'elles fourniront.

Concentration des corps du Sud dans la haute Alsace. — Nous nous proposons maintenant de rechercher quels sont les corps appelés à se joindre au XIVe corps pour former l'armée d'aile de la haute Alsace. Mais auparavant il est utile de jeter un coup d'œil sur le réseau ferré par lequel s'opéreront les transports de concentration.

Réseau ferré de l'Alsace. — Depuis 1870, où l'Alsace et le grand-duché de Bade n'avaient d'autre communication par voie ferrée que le pont de Strasbourg, les Allemands ont construit les trois ponts de Brisach, de Müllheim et de Huningue, livrant passage à autant de transversales nouvelles entre les deux grandes lignes à double voie longeant le Rhin par les deux rives[2]. Le territoire badois a été mis ainsi en communication directe avec la haute Alsace, occupée en temps de paix par une sorte d'avant-garde du XIVe corps, et l'on s'est ménagé la possibilité d'y concentrer rapidement les corps d'armée du Sud.

Avant l'annexion un petit nombre de chemins de fer sillonnaient l'Alsace. Actuellement chaque vallée vers les Vosges a sa ligne, et la plaine est couverte d'un véritable filet de voies ferrées que nous avons énumérées, et dont on cherche tous les jours à resserrer encore les mailles pour faciliter les mouvements intérieurs de la défense.

Les sections créées dans la haute Alsace sont, dans l'ordre de leur livraison, les suivantes :

---

permanents de subsistances et fourrages, l'un à Colmar, l'autre à Mulhouse, qui continueront probablement à fonctionner parallèlement à ces magasins.

[1] Comprenant les XIVe, XVe et XVIe corps.

[2] Le Landesausschuss a accepté en principe la création d'une nouvelle transversale de Schlestadt au Rhin et à la ligne badoise avec pont fixe à Saspach ou à Schönau et devant aboutir soit à Riegel, soit à Kensingen.

Schlestadt — Barr;
Colmar — Neuf-Brisach;
Mulhouse — Müllheim;
Saint-Louis — Leopoldshöhe;
Sentheim — Massevaux;
Guebwiller — Bühl — Lautenbach;
Weilerthal — Weiler (Villé);
Altkirch — Ferrette;
Munster — Metzeral.

A ces sections il y aura lieu d'ajouter prochainement celles dont la construction est décidée et les études sont en cours[1] :

Rouffach — Cernay — Burnhaupt — Montreux-Vieux;
Saint-Louis — Ferrette.

Nous ne mentionnerons pas à nouveau les lignes routières à voie étroite citées en leurs lieu et place.

Examinons maintenant les extensions données au réseau ferré de l'Allemagne qui intéressent spécialement la concentration dans la haute Alsace.

Réseau ferré de l'Allemagne du Sud. — En août 1870, le pays de Bade ne communiquait avec les autres Etats du sud que par le nord de la forêt Noire, par Karlsruhe. Cette situation a été modifiée de la manière suivante :

1° Une ligne, la Schwarzwalderbahn, a été construite à travers la Forêt-Noire par la vallée de la Kinzig, entre Offenbourg et Donaueschingen, reliant la vallée du Danube à Strasbourg;

2° Des tronçons ont été ouverts de Hausach à Freudenstadt, et de Freudenstadt à Horb, mettant Strasbourg en relation directe par le centre de la Forêt-Noire, aussi bien avec Stuttgart et le nord de la Bavière, qu'avec Ulm et Munich;

3° Lors de la guerre franco-allemande, la ligne badoise du Danube au Rhin empruntait le territoire suisse et traversait une partie des cantons de Bâle et de Schaffouse, que les troupes alle-

---

[1] Le Landesausschuss a également accepté en principe le prolongement jusqu'à Sewen du chemin de fer de Cernay à Massevaux. Si cette section est construite, des troupes allemandes pourront être transportées jusqu'au pied du ballon d'Alsace, soit de Mulhouse, soit de Colmar par la ligne future de Rouffach—Cernay.

mandes avaient dû contourner par voie de terre. Pour remédier à cet inconvénient, on construisit les sections de Schopfheim — Säckingen et de Weizen — Immendingen, longeant le territoire suisse. On créa, de plus, la section de raccordement Tuttlingen — Inzighofen, aboutissant à la ligne Tübingen — Sigmaringen. De la sorte on obtenait une communication directe, d'une part avec Ulm par Blaubeuren, d'autre part avec Munich, par Memmingen, Leutkirch et Aulendorf.

A ces constructions de sections nouvelles, il faut ajouter les perfectionnements techniques apportés sans interruption aux lignes anciennes en vue d'augmenter leur rendement dans le transport tout spécial des trains militaires, perfectionnements dont nous ne pouvons qu'indiquer sommairement les plus importants[1] :

Pose d'une deuxième voix sur certaines lignes ;

Corrections des rampes à la pente maximum de 6 millimètres par mètre, et rectifications du tracé pour supprimer toutes les courbes d'un rayon inférieur à 300 mètres ;

Construction sur les lignes à voie unique, à des intervalles ne dépassant pas 8 kilomètres, de voies d'évitement de 400 à 450 mètres de longueur utile ;

Introduction du cantonnement ou block-système, c'est-à-dire substitution de l'intervalle de distance à l'intervalle de temps dans la succession des trains sur la ligne.

Création dans les grands centres militaires de plusieurs gares aménagées spécialement pour l'embarquement des troupes, avec réserves de machines et de wagons pour le transport des troupes de couverture ;

Accroissement considérable du nombre des machines et des wagons en excédent sur le matériel du trafic ordinaire ;

Construction, aux nœuds de chemins de fer, aux bifurcations importantes, de courbes de raccordement pour permettre de passer d'une ligne à une autre sans entrer dans la gare, et de viaducs faisant passer les lignes l'une au-dessus de l'autre, pour supprimer les croisements et rendre les lignes de transport indépendantes les unes des autres ;

---

[1] La seule loi d'Empire du 27 avril 1887 y affectait une somme de 36 millions de marks rien que pour les lignes du sud-ouest.

Échelonnement des gares d'eau et des gares à charbon en vue de l'exploitation de guerre ;

Constitution d'une réserve de charbon, dite de mobilisation, pour une circulation intense de quatre semaines ;

Construction dans la zone de concentration de quais de débarquement échelonnés [1] le long de chaque ligne de transport ;

Enfin, nationalisation à peu près complète des chemins de fer et, par suite, suppression des difficultés qui résultaient en 1870, pour l'autorité militaire, de la nécessité de s'entendre avec un grand nombre d'administrations de voies ferrées.

Lignes de concentration en janvier 1893. — Il résulte des développements apportés au réseau ferré de l'Allemagne du Sud depuis 1870, que les Allemands disposent pour la concentration dans la haute Alsace de trois lignes de transport, savoir :

Ligne n° 1, de Stuttgart à Schlestadt et Colmar par Mühlacker, Karlsruhe, Rastatt [2], Appenweier et Strasbourg.

Ligne à double voie ; longueur depuis l'échelon le plus éloigné (Mergentheim — 1 bataillon du 122e régiment d'infanterie) à Colmar, 320 kilomètres. Malgré son profil un peu accidenté et grâce à des postes de bloquage très rapprochés, peut fournir un rendement de 48 trains.

Ligne n° 2, de Passau à Colmar ou à Mulhouse par Regensburg

---

[1] Les raisons suivantes paraissent avoir conduit les Allemands à échelonner ainsi leurs quais de débarquement le long de leurs lignes de transport :

1° Possibilité de remplacer, s'il est nécessaire, au début de la concentration, des quais trop exposés par des quais plus en arrière pour les troupes de première ligne, en arrêtant à des stations subséquentes les troupes de deuxième ligne arrivant par la même voie ferrée ;

2° Possibilité de pouvoir profiter des circonstances favorables pour amener des troupes de première ligne sur les quais les plus avancés et celles de deuxième ligne sur les quais immédiatement en arrière.

[2] L'administration des chemins de fer d'Alsace-Lorraine a commencé, au mois de juin 1892, la construction de la transversale Rastatt — Haguenau, dont l'importance stratégique est exceptionnelle. La section, après avoir quitté la gare de Rastatt, traversera le canal de la Murg, se dirigera en passant entre les villages de Plittersdorf et d'Ottersdorf vers le Rhin, qu'elle franchira sur un pont fixe à hauteur du kilomètre 111, à l'endroit où se trouvait autrefois la traille de Beinheim ; du kilomètre 111, elle gagnera la grande ligne Strasbourg — Lauterbourg au moulin d'Alt-Beinheim, à un kilomètre au nord de Roppenheim, utilisera ensuite cette ligne jusqu'à Röschwoog, d'où elle se continuera jusqu'à Haguenau par Sufflenheim, Schirrheim, le polygone de Haguenau et Kaltenhausen.

(Ratisbonne), Ingolstadt, Donauwörth, Ulm, Plochingen, Tübingen, Horb, Freudenstadt, Hausach, Offenbourg et Fribourg.

Ligne à une voie sur presque tout le parcours; longueur depuis l'échelon le plus éloigné (Passau — 2 bataillons du 16e régiment d'infanterie bavaroise) à Mulhouse, 710 kilomètres. Profil accidenté nécessitant en certains endroits le fractionnement des trains; en d'autres, l'emploi de machines de renfort. Le rendement ne peut guère dépasser 20 trains. Cette ligne est, par suite, insuffisante pour le transport d'un corps d'armée et paraît devoir être affectée à une simple division.

Si le pont de Müllheim était coupé, les trains de cette ligne utiliseraient celui de Brisach.

Ligne n° 3, de Munich à Saint-Louis et Mulhouse par Buchloe, Memmingen, Leutkirch, Aulendorf, Sigmaringen, Inzighofen, Tuttlingen, Immendingen, Weizen, Schopfheim et Leopoldshöhe.

Ligne à une voie; longueur à partir de l'échelon le plus éloigné (Munich), 440 kilomètres. Profil et tracé permettant la traction des trains militaires. Rendement, 24 trains. Sera probablement affecté à une division.

En cas de destruction du pont de Huningue, les trains amenés par cette ligne pourraient utiliser les ponts d'aval : Müllheim et Brisach.

Le rendement total de ces trois lignes est de 92 trains par 24 heures.

Ce rendement pourrait très probablement être augmenté par des dispositions techniques spéciales, si les Allemands, autant par tempérament que par esprit de méthode, n'étaient ennemis de la hâte, qu'ils considèrent, d'une façon générale, comme nuisible à la bonne exécution de tout service[1].

---

[1] Ces lignes sont à la vérité susceptibles d'un rendement supérieur d'un quart à celui indiqué ci-dessus et qui est le rendement réel. Les Allemands, estimant que le temps manque pour habituer le personnel de l'exploitation à une succession irrégulière des trains, et que les accidents seront plutôt évités si ces trains se succèdent dans un certain ordre, divisent la journée de vingt-quatre heures en périodes égales de 6, 4 ou 2 heures, chaque période comprenant une série de trains de même nombre. Or, les marches de l'une de ces périodes, quatre heures généralement, sont laissées sans emploi prévu et ne doivent être utilisées qu'en cas d'absolue nécessité (trains restés en détresse, accident ayant amené le retard d'un échelon de trains, etc.), pour éviter qu'une perturbation dans le service se répercute d'une journée à l'autre. Pendant ce temps le personnel se repose et l'on inspecte la voie.

Corps auxquels seront affectées ces lignes. — A quels corps seront affectées ces trois lignes, c'est-à-dire quels sont ceux appelés à être concentrés dans la haute Alsace pour faire partie de l'armée de l'aile gauche ?

Il est évident que les Allemands ont un système de concentration, et par suite un plan de campagne, qui est la conséquence logique, nécessaire, inévitable même de la constitution actuelle de leur réseau ferré. Or, défalcation faite du XIVe corps dont les transports de complément auront été effectués par les deux lignes des deux rives du Rhin en tête des transports stratégiques des autres corps, il résulte de l'examen de la carte des emplacements du temps de paix des troupes allemandes que :

La *ligne n° 1* sera affectée au XIIIe corps, plus, sur l'au-delà de Karlsruhe, à une partie des compléments du XIVe corps ;

La *ligne n° 2*, à la 2e division bavaroise (Ier corps) et, à partir d'Offenbourg, à une partie des compléments du XIVe corps;

La *ligne n° 3*, à la 1re division bavaroise (même corps)[1].

Cependant, les lignes nos 1 et 2 sont appelées à subir d'importantes modifications et à changer d'affectation lorsque sera construit le tronçon Neustadt — Hufingen — Donaueschingen devant relier directement Fribourg à la ligne de la Forêt-Noire par le val d'Enfer. Le tronçon, dont la construction est décidée en principe, ouvrira une nouvelle ligne de transport correspondant au pont de Müllheim. Par suite, la ligne n° 2, au lieu de se diriger comme aujourd'hui de Horb sur Offenbourg, empruntera les sections existantes par Rottweil, Villingen, Donaueschingen, Neustadt, Fribourg, Müllheim et Mulhouse.

L'artère principale de concentration du XIIIe corps deviendra alors probablement la ligne, préalablement rectifiée et doublée d'une deuxième voie, Stuttgart — Boblingen — Hochdorf — Freudenstadt — Hausach — Offenbourg — Fribourg — Brisach et Colmar.

De cette manière, le XIIIe corps dégagera complètement, pour

[1] La présence aux manœuvres de pontonniers qui ont eu lieu en juillet 1892 sur le Rhin, à Vieux-Brisach, de deux compagnies du 1er bataillon de pionniers bavarois avec un équipage de pont d'armée du modèle bavarois, ainsi que celle du lieutenant-général bavarois baron de Popp et de deux officiers du grand état-major bavarois, ne peut laisser subsister aucun doute sur la destination du Ier corps bavarois à la haute Alsace.

la laisser à l'entière disposition du IIe corps bavarois et peut-être d'une partie du XIIe corps, l'importante ligne à double voie[1] Nuremberg — Ansbach — Crailsheim — Hessenthal — Waldenburg — Heilbronn — Bretten — Karlsruhe — Rastatt, d'où les trains peuvent être dirigés par la transversale Rastatt — Roppenheim sur Haguenau ou sur Strasbourg, afin de dégager le goulot très probablement encombré d'Appenweier — Kehl — Strasbourg.

Durée des transports. — Dans quelles limites de temps les forces de l'armée de l'aile gauche pourront-elles être entièrement concentrées dans la haute Alsace?

C'est ce que nous allons essayer de rechercher, d'après le rendement réel de chaque ligne et en basant nos évaluations sur les données suivantes : vitesse de trains militaires allemands, 24 kilomètres, arrêts compris ; nombre de trains pouvant être débarqués sur un même quai, 10 ; nombre de trains nécessaires pour le transport d'un corps d'armée à deux divisions d'infanterie, dégagé de ses régiments de cavalerie, 90.

Le débit à fournir par chacune des lignes sera le suivant :

Ligne n° 1, 30 trains de compléments du XIVe corps, et 90 du XIIe ; total 120.

Ligne n° 2, sur le parcours d'Offenbourg à Fribourg, 20 train de compléments du XIVe corps ; sur la ligne entière, 40 trains (2e division bavaroise) ; total 60.

Ligne n° 3, 50 trains (1re division bavaroise, état-major du 1er corps bavarois et troupes non endivisionnées).

Les quais de débarquement dont disposent ces lignes sont :

Ligne n° 1, Schlestadt, 500 mètres ; Rappoltsweiler (Ribeauvillé) 470 ; Bennwihr, 500 ; Colmar, 400 et 370.

Ligne n° 2, Neuf-Brisach, 800 mètres ; Wittelsheim, 800 ; ces deux quais permettant le débarquement simultané de deux trains.

Ligne n° 3, Banzenheim, 450 mètres ; Mulhouse, 540 et 110.

Ces quais peuvent assurer un débarquement journalier de :

Ligne n° 1, 50 trains.

---

[1] Doublée d'une deuxième voie en exécution de la loi d'Empire du 27 avril 1887.

Ligne n° 2, 40 trains.

Ligne n° 3, 24 trains.

Le nombre des trains pouvant être débarqués par les lignes n°s 1 et 2 dépasse le rendement de ces lignes; pour la ligne n° 3 ce nombre égale, au contraire, ce rendement.

D'après le plan de mobilisation des Allemands, les transports stratégiques des Allemands commenceraient le 5e jour[1]. En supposant utilisés tous les quais de débarquement, les transports de concentration des trois corps d'armée de la haute Alsace seraient complètement achevés :

Ceux de la ligne n° 1, dans la matinée du 8e jour;

Ceux de la ligne n° 2, dans la journée du 8e jour;

Ceux de la ligne n° 3, dans la soirée du 7e jour.

Il résulte de ces calculs que :

1° Les compléments du XIVe corps pourront tous avoir rejoint leurs corps respectifs le 7e jour au soir (une partie de ces compléments ayant à faire une étape depuis Banzenheim);

2° Le 8 au soir, le 1er corps bavarois se trouvera très probablement à Mulhouse et dans ses environs, avec ses trains à Banzenheim et à Neuf-Brisach;

3° Enfin, le soir du même jour, les troupes du XIIIe corps seront en partie échelonnées le long de la ligne ferrée de Schlestadt à Colmar inclusivement, c'est-à-dire sur une longueur de 24 kilomètres.

Celles des troupes de ces deux corps d'armée débarquées le huitième jour, occuperont des cantonnements provisoires très rapprochés des points de débarquement[2].

De telle sorte que l'ordre de bataille définitif ne pourra être pris que le lendemain.

---

[1] Voir ci-après le tableau des opérations de l'armée allemande pendant les cinq premiers jours de la mobilisation.

[2] Les fantassins venant de faire un long séjour en wagon, ont les pieds et le bas des jambes enflés; ils seraient infailliblement blessés par leurs chaussures neuves si on leur faisait fournir une étape un peu longue en quittant le train.

Tableau des opérations de l'armée allemande pendant les cinq premiers jours de la mobilisation.

JOURS de la MOBILISATION.	OPÉRATIONS de LA MOBILISATION.	CONCENTRATION.	
		DÉPART DES CENTRES de mobilisation.	ARRIVÉE AUX POINTS de débarquement.
1er	Mobilisation, sans attendre leurs compléments, de la cavalerie, de l'artillerie à cheval et des troupes de couverture. Dans les corps et services, dispositions intérieures en vue du passage du pied de paix au pied de guerre.	Départ de la cavalerie, de l'artillerie à cheval ; départ des troupes de couverture.	»
2e	Arrivée des réservistes. — Habillement, équipement et armement des hommes. — Réception des chevaux.	. . . .	Arrivée de la cavalerie, de l'artillerie à cheval et des troupes de couverture des corps de l'ouest.
3e	Arrivée des derniers réservistes. — Habillement, équipement et armement des hommes. — Achèvement de la réception des chevaux. — Harnachement des chevaux.	Départ d'une partie des états-majors.	Arrivée du restant des troupes de couverture. — Arrivée d'une partie de la cavalerie, de l'artillerie à cheval des corps du centre.
4e	Attelage des chevaux. — Marche. — Revue de départ.	Départ *possible* des premiers bataillons d'infanterie mobilisés.	Arrivée du restant de la cavalerie, de l'artillerie à cheval des corps du centre.
5e	Attelage des chevaux. — Marche. — Revue de départ.	Départ d'une partie de l'infanterie et de l'artillerie divisionnaire.	»

Groupement probable de l'armée de l'aile gauche. — Il suit de ce qui précède, que le 9e jour de la mobilisation, dans la journée, l'armée de l'aile gauche sera prête ou à se porter à la rencontre ou à recevoir son adversaire dans l'ordre suivant :

Le XIVe corps, à l'ouest de Mulhouse, entre l'Ill et la route de Belfort — Colmar ;

La 1re division bavaroise, en échelon en arrière et à gauche, vers Landser, de manière à pouvoir prendre position en avant pour couvrir les ponts de Huningue ;

La 2e division bavaroise, au nord de Mulhouse;

Le XIIIe corps, vers Colmar, en situation de pouvoir entrer en action contre une offensive venant de Belfort ou des Vosges, ou de recueillir le XIVe corps et le Ier bavarois en cas d'échec de ceux-ci.

Tel est le dispositif probable du début de l'armée de l'aile gauche dans la haute Alsace, ainsi qu'il semble résulter logiquement du tracé des lignes de concentration de l'Allemagne du Sud, de la disposition des quais de débarquement et des accidents naturels du théâtre des opérations.

D'après le service en campagne, des divisions de réserve, constituées avec des hommes de la landwehr du premier ban, doivent entrer dans la composition des armées d'opérations, et l'on peut admettre, d'une manière générale, qu'il sera formé une de ces divisions dans chaque corps d'armée.

Ces divisions, pour les trois corps de la haute Alsace, pourraient commencer à s'embarquer le 10e ou le 11e jour et débarquer le 12e ou le 13e.

Mais cette organisation semble n'être que transitoire, et il y a des probabilités pour que le vote de la nouvelle loi sur le service de deux ans ait pour effet la constitution, en temps de guerre, de corps d'armée de réserve correspondant aux corps d'armée actifs.

Quoi qu'il en soit, il paraît entrer dès à présent dans les prévisions du grand état-major de porter, en cas de succès en Lorraine et si aucune tentative sérieuse n'est dirigée sur la haute Alsace, le XIIIe corps et le Ier corps bavarois sur la Moselle et la Meurthe, par les passages des Vosges centrales, pour prendre part à la lutte qui s'engagera entre Epinal et Toul.

Ces deux corps d'armée seraient alors remplacés par des formations de réserve, et le XIVe serait renforcé d'une division de réserve.

Enfin, vers le 25e jour, pourraient débarquer[1] dans la haute Alsace deux corps d'armée italiens, 5e (Vérone) et 6e (Bologne), venus par la voie ferrée de Brenner, récemment doublée.

Tactique de la défense. — Quant à la forme que revêtira, le

[1] En exécution, paraît-il, d'une convention de 1888.

cas échéant, la défense de la haute Alsace, étant donnés le caractère de toutes les manœuvres qui ont eu lieu depuis 1880 dans le Sundgau et les doctrines tactiques de l'armée allemande, nous la croyons devoir être avant tout offensive.

La dissémination des forces et leur répartition en cordon le long d'une frontière sont absolument contraires aux idées reçues en Allemagne, où l'on n'oublie jamais ce principe de Frédéric : « Dans une situation défensive, celui qui veut tout couvrir ne couvre rien. »

Nous pensons donc que l'armée de la haute Alsace cherchera à agir offensivement avec la plus grande partie de ses éléments sur deux ou trois points tout au plus, de manière à frapper un coup décisif et rejeter d'un bloc l'assaillant dans les Vosges ou dans la trouée de Belfort.

REMARQUES FINALES.

Par discrétion et pour ne pas dépasser les limites que nous nous sommes tracées, nous n'examinerons pas les moyens par lesquels une armée française forte de quatre corps pourrait être concentrée sur la frontière de Delle à Saint-Dié avant l'arrivée dans la haute Alsace du XIIIe corps et du Ier corps bavarois : distances moins grandes des centres de mobilisation ; nombre et rendement supérieur des lignes de transport ; procédés rapides et artifices de mobilisation, etc., etc.

Nous nous bornerons à dire que, pendant quelques jours, nous pouvons avoir sur ce théâtre d'opérations une supériorité numérique marquée sur les Allemands, supériorité nous permettant de les refouler au delà du Rhin, jusqu'à hauteur de Neuf-Brisach, et de nous assurer ainsi un premier succès.

Il importe donc que cette supériorité momentanée soit portée à son maximum dès le commencement de la mobilisation.

Enfin, nous terminerons cette étude en indiquant sommairement quelques mesures que nous jugeons utiles sur notre frontière, de Delle à Saint-Dié, en vue des opérations futures :

Concentration permanente de tous les éléments de la 14e division dans la trouée de Belfort, ces éléments étant répartis en garnison dans les localités suivantes : Belfort, Héricourt, Giromagny, Montbéliard et Delle ;

Indépendance absolue des corps de la 14e division de la défense du camp retranché. Le noyau permanent de cette défense devrait être formé de troupes régionales ou non endivisionnées.

Belfort et Montbéliard appartenant géographiquement à la frontière alsacienne aussi bien que Remiremont et Saint-Dié, les troupes qui bordent cette frontière jusqu'à cette dernière localité devraient, logiquement et dans l'intérêt de la préparation des opérations futures, aussi bien offensives que défensives, relever du même commandement. La division des Vosges et la 14e division devraient, par suite, faire partie du même corps d'armée.

Comme corollaire de ce nouveau groupement s'impose la construction d'une section de voie ferrée de Champagney à Saint-Maurice, par Plancher-les-Mines, la vallée du Rahin, le col du Stalon et la vallée de la Prelle.

Une ligne télégraphique souterraine, à l'abri des influences atmosphériques et des intempéries de l'hiver [1], reliant Belfort à Remiremont est indispensable. Cette ligne devrait suivre l'itinéraire proposé pour la voie ferrée, car, par le ballon d'Alsace, elle serait trop rapprochée de la frontière et, par conséquent, exposée à être coupée.

La sollicitude du ministre de la guerre pour tout ce qui regarde la défense nationale, la prévoyance de l'état-major général de l'armée sont un sûr garant que toutes les dispositions utiles seront prises en temps opportun et permettent d'attendre avec confiance les événements.

---

[1] Les lignes télégraphiques aériennes qui traversent le massif des ballons sont fréquemment rompues en hiver par le poids des amas de neige, de grésil ou de glace qui s'y déposent.

Paris. — Imprimerie L. Baudoin, 2, rue Christine.